52주 요나체험

52주 요나체험

이에스더·장덕봉 공저

초판발행　2015년 11월 21일
초판9쇄　2018년 3월 20일

발행처　　제네시스21
등　록　　제13-1171호
주　소　　서울시 영등포구 여의도동 12번지
전　화　　(02)781-9270
홈페이지　www.genesis21.net
이메일　　editor@genesis21.net
ISBN 978-89-7154-336-8

· 값은 뒤표지에 있습니다.
· 저자와의 협약에 의해 인지는 생략합니다.
· 이 책은 저작권법에 의해 보호받는 저작물이므로
　무단 전재와 복제를 금합니다.

52주 요나체험

이에스더·장덕봉 공저

국민일보

서문

현대인들은 일분일초를 쪼개며 살아갑니다. 무엇을 위해서 그렇게 분주하고 정신없이 사는 것입니까?

'세월을 아끼라'(엡 5:16)는 성경말씀이 있습니다. 때가 악하기 때문에 세월을 아끼라는 말입니다. 그러므로 우리는 하나님의 뜻대로 살아야 합니다. 요나처럼 자기 생각을 앞세워 하나님의 뜻을 외면하다가 큰 시험을 당해본 사람이라면, 하루속히 돌아와야 합니다. 실패와 좌절의 구덩이에서 빠져나와야 합니다. 회개하고 하나님의 뜻대로 사는 것이야말로 진정 세월을 아끼는 것입니다.

요나는 니느웨 사람들이 회개하는 것이 싫어서 다시스로 가다가 풍랑을 만나 바다에 빠진 사람입니다. 사흘간 큰 물고기 뱃속의 시험 후에 하나님의 기적으로 살아난 요나는 니느웨 사람들에게 이 사실을 알렸습니다.

"니느웨 성에 사는 여러분, 이 성은 사십일 후에 하나님의 진노의 심판으로 망하게 될 것입니다. 그러면 이 성에 있는 모든 사람들은 다 죽을 텐데, 저는 이 사실을 알리라는 하나님의 첫 번째 명령을 거역하고 다시스로 도망쳤던 사람입니다. 그러나 하나님은 저를 바다 한 가운데서 찾으시고 폭풍으로 바다에 빠뜨리신 후에 물고기 뱃속에 사흘 동안 가두어 두셨다가 다시 살리셔서 이곳에 보내셨습니다. 저처럼 하나님의 사랑을 깨닫고 잘못을 회개하면 하나님께서 여러분을 살려 주실 것입니다."

니느웨 사람들은 요나가 전하는 그 말을 듣고 하나님의 사랑을 받아들이

고 회개했습니다. 그리하여 하나님의 진노의 심판이 거두어지는 역사가 일어났던 것입니다.

이 책은 그리스도인들에게 52주 동안 영적 자양분을 제공할 욕심으로 만들었습니다. 국민일보에 연재되었던 '겨자씨', 또한 '역경의 열매'에 소개된 간증, 그리고 CTS '빛으로 소금으로'와 CBS '영혼의 양식'을 통해 선포된 방송설교를 세트로 묶어 정리한 것입니다.

1998년에 출간된 처녀작 〈주님, 한 손만 잡아 주소서〉와 21세기 첫 작품 〈3일 기도의 영적 파워〉를 비롯하여 〈생존을 위한 기도〉, 〈시련의 끝〉 〈행복한 기도대장〉, 〈3일 기도의 기적〉이라는 제목으로 국민일보 출판사를 통해 여섯 권의 책이 출간될 수 있었던 것은 큰 축복인 동시에 하나님의 인도하심이었습니다.

국민일보와 CTS, CBS에서 헌신하는 많은 분들이 한결같은 마음으로 출간에 힘을 실어주었습니다. 이 책이 독자들의 손에 들어가기까지 수고를 아끼지 않은 모든 분들에게 감사를 표합니다. 일곱 번째 책을 통해 더 깊은 영적 만남과 교감을 기대합니다. 사랑해 주신 모든 분들께 요나의 표적이 따르기를 소망합니다.

요나3일영성원
이에스더 원장 · 장덕봉 목사

목차

1 전도자를 부르시는 하나님

1주	희망이 있습니까?	10
2주	무엇을 꿈꾸십니까?	14
3주	무엇을 찾습니까?	18
4주	지금 어떠십니까?	22
5주	앞이 캄캄합니까?	26
6주	이제 어쩝니까?	30
7주	어떤 게 좋습니까?	34
8주	어떻게 살리십니까?	38
9주	어떻게 일하십니까?	42
10주	무엇을 생각합니까?	46
11주	왜 버려야 합니까?	50
12주	지금 기도하십니까?	54
13주	나는 누구입니까?	58

2 성령에 붙들리라

14주	얼마나 힘듭니까?	64
15주	왜 아프게 합니까?	68
16주	미움 받겠습니까?	72
17주	전환이 필요합니까?	76
18주	정말 헛된 것입니까?	80
19주	스승을 찾습니까?	84
20주	이것이 현실입니까?	88
21주	우연한 일입니까?	92
22주	무얼 원하십니까?	96
23주	함께 가시렵니까?	100
24주	왜 말이 없습니까?	104
25주	이젠 안전합니까?	108
26주	내려놓을 수 있습니까?	112

3 네가 무엇을 보느냐

27주 힘을 잃어버렸습니까? 118
28주 숨차게 달려왔습니까? 122
29주 참말을 하고 있습니까? 126
30주 무엇을 읽고 있습니까? 130
31주 무슨 일을 당했습니까? 134
32주 영혼을 파시렵니까? 138
33주 사람을 세우고 있습니까? 142
34주 어떻게 대처하고 있습니까? 146
35주 진정 변화를 원하십니까? 150
36주 기도의 승리를 믿습니까? 154
37주 어떤 관점으로 보십니까? 158
38주 무엇을 찾고 있습니까? 162
39주 이렇게 싸우면 어떻겠습니까? 166

4 하늘에 속한 자의 축복

40주 무엇을 붙들고 있습니까? 172
41주 얼마나 허무한 일입니까? 176
42주 어떻게 가르치고 있습니까? 180
43주 어떻게 회복되고 있습니까? 184
44주 무엇을 개혁하시렵니까? 188
45주 어떤 결과를 원하십니까? 192
46주 무엇에 집중하고 있습니까? 196
47주 지금 무엇을 하십니까? 200
48주 어떤 열정입니까? 204
49주 무슨 고민입니까? 208
50주 어떤 관계입니까? 212
51주 어떤 선물입니까? 216
52주 희망이 없습니까? 220

1
13

52주 요나체험

전도자를 부르시는 하나님

"이 세상 사람들이 하는 모든 일은 진부한 것들입니다.
왜냐하면 이 세상에서 이루어지는 일은 했던 일의 반복일 뿐입니다.
사람들의 하루하루는 지루할 수밖에 없습니다.
그런데 모든 것을 창조하신 하나님께는 날마다 새롭습니다.
그러므로 하나님을 알면 세상이 아름답고 감동적입니다.
전도자가 말하는 '해 아래 있는 것'은 하나님을 모르는 인생을 말합니다.
하나님을 아는 사람들은 이 세상에 있는 것 외에 다른 것을 알고 있는 자들입니다.
우리는 하나님으로부터, 새로운 것을 받아야 이 세상에 있는 것을 창의적으로 사용할 수 있습니다.
이것이 허무한 세상을 승리하며 살아갈 수 있는 비결입니다."

01 희망이 있습니까?

　인도네시아 자카르타로 발령을 받은 아버지를 따라 그곳에서 유년기를 보냈고, 한국으로 돌아와 중·고등학교를 거쳐 어릴 적부터 꿈꾸어 온 해양학자가 되기 위해 서울대학교에서 해양지질학을 전공한 이상묵 교수의 이야기입니다.

　그는 국비유학생으로 미국 MIT공대에서 지구과학 박사학위를 받아 서울대 지구환경과학부 교수가 됐습니다.

　그 후로 1년에 평균 3개월을 바다에서 지내며 해저 지형을 연구했던 그는 2006년 미국 데스밸리 지질조사 프로젝트에 참여했다가 차량 전복사고를 당하여 목 아랫부분을 움직일 수 없는 전신마비 장애인이 되고 맙니다.

　그러나 6개월 만의 재활을 거쳐 강단에 복귀한 그가 〈0.1그램의 희망〉이라는 책으로 소개된 것은 그를 취재한 중앙일보 강인식 기자의 열정 때문에 가능한 일이었습니다.

　'한국의 스티븐 호킹이라는 쑥스러운 별명'을 얻었다는 그는 "하늘은 모든 것을 가져가시고 희망이라는 단 하나를 남겨주셨다"는 말로써 잃은 것과 가진 것을 구분합니다. 결국 희망이 있다는 이유 하나만으로도 살아야 할 이유는 충분하다는 것입니다.

　그러면서 "과학자는 연구결과를 과장하거나 부풀리지 않고 성실하고 정확하게 보고해야 한다"면서 그는 정직을 생명처럼 말합니다.

　"근신이 너를 지키며 명철이 너를 보호하여"(잠언 2:11)라는 성경의 말씀대로 하나님의 말씀은 언제나 우리로 하여금 정신을 똑바로 차리고 희망을 갖게 해 줍니다.

체험
01

　오늘도 어김없이 동네 수영장을 찾았다. 직선거리 25m인 수영장을 정확히 50회 왕복하면 2,500m가 된다. 보통 1시간10분이 소요되는 수영은 숨도 가쁘고 힘도 들지만 오직 건강을 위해 주일 외엔 하루도 거르지 않는 나의 일과가 되었다.

　주위에서는 이런 철저한 자기관리가 아직 내가 현역에서 왕성한 사역을 하는 힘의 원천이 되는 것 같다고 말한다. 나 역시 이 말에 공감한다. 하나님의 종은 사명자로서 자신을 잘 가꾸고 또 건강해야 할 의무가 있다. 이 가운데 하나님의 일을 더 역동적으로 이끌어 낼 수 있기 때문이다.

　올해 내 나이 69세. 참으로 숨 가쁘게 달려온 세월이었다. 숱한 희로애락과 거친 파도를 넘어 오늘에 이르기까지 주님은 나와 함께 해 주시며 힘과 용기, 은혜와 능력을 주셨다.

　내 삶에 좌정해 역사해 주신 좋으신 주님을 두 손 들어 찬양한다. 연약하기만 했던 홀사모에게 주신 주님의 강력한 은혜는 놀라운 성령의 역사를 만들어 냈다.

　내 고향은 한 때 동양의 예루살렘으로 불렸던 평양이다. 서양 선교사에 의해 증조부 때부터 복음을 받아들여 나는 출생부터 이미 4대째 크리스천이었다. 그 신앙 속에 주렁주렁 맺힌 복음의 열매들을 간증하는 것은 참으로 은혜롭고 즐겁고 행복한 일이다.

메시지 | 자기중심적인 신앙의 덫

요나 1:1-3

한 위대한 선지자가 멸망에 놓인 이방 나라에 가서 복음을 전하라는 하나님의 말씀에 불순종하여 도망치는 모습이 나옵니다. 어떻게 보면 이것은 자기 민족의 영혼 문제를 놓고 깊이 고심한 끝에 결정한 일입니다.

첫째, 하나님의 말씀이 요나에게 임했습니다.
요나는 이스라엘의 지경이 회복될 것이라는 아주 중요한 예언을 했었지요(열왕기하 14:25). 실제로 그 예언이 성취되어 여로보암 2세는 국력을 회복했고, 사해가 있는 곳까지 영토를 확장시켰습니다.

그런데 이스라엘이 잘 살게 된 것은 일종의 극약처방과도 같은 것입니다. 왕과 제사장과 선지자가 조직적으로 하나가 되어 하나님의 말씀을 떠날 때에 하나님은 그들을 깨우치고자 마지막 선물로 물질적인 번영을 선물로 준 것입니다. 그러나 갑자기 부강해진 이스라엘 백성들은 가난한 이웃들을 더 학대했으며 전보다 더 큰 악행을 저지르고 맙니다.

둘째, 하나님께서 요나에게 니느웨를 향하여 복음을 전하라고 하셨습니다.
요나의 예언대로 이스라엘을 부강하게 해 주신 하나님께서 갑자기 자신을 원수 나라로 보내어 앗수르의 수도 니느웨의 백성들을 회개시키고자 하셨지요. 자기 민족은 이제 겨우 잘 살기 시작했고, 상대적으로 앗수르의 힘은 크게 약화되었는데 하나님께서는 이때 요나를 통해 그들의 힘을 다시 키우고자 하셨다는 말입니다.

지금 하나님께서는 이스라엘에 호세아 선지자를 세우시고, 남쪽에서 북쪽으로 아모스 선지자를 불러올리신 다음 니느웨로 한 선교사를 파송할 작정입니다.

그때 요나는 하나님께서 이스라엘을 버리셨고, 이미 병들어 죽어 가는 앗수르를 고치려 하신다는 것을 직감하게 됩니다.

셋째, 요나는 민족의 반역자가 되지 않기 위해 하나님의 명령을 거역하고 도망쳤습니다.

요나는 하나님의 명령을 이해할 수가 없었겠지요. 이런 구원의 역사를 이스라엘 안에서 다시 일으키시는 것도 아니고 힘을 잃은 악독한 니느웨를 왜 살리시겠다는 것일까요? 그러나 하나님의 생각은 요나를 니느웨에 보내면 이 악독한 백성들이 요나의 말을 듣고 회개하는 것을 모델로 보여주면서 이스라엘 백성들 자신이 얼마나 악한 백성인지 깨닫게 하시려는 것입니다.

그리고 이스라엘 백성들은 앗수르의 수도 니느웨 사람들이 한꺼번에 멸망하기를 바랐지만, 하나님께는 소중하지 않은 사람이 한 명도 없다는 사실입니다. 하나님 앞에 돌아오지 못할 만큼 큰 죄인은 없기 때문입니다.

니느웨를 회개시키라는 하나님의 명령에 요나는 여호와의 낯을 피하는 쪽으로 반응했습니다. 여기서 말하는 '여호와의 낯'은 가나안 지경을 가리키는 표현입니다.

하나님께서는 니느웨의 회개를 통해 이스라엘 백성들의 마음속에 거룩한 질투심을 일으키고자 하셨는데 요나는 자기중심적인 신앙에서 벗어나지 못하고 있었습니다.

만일 이 엄청난 하나님의 명령에 반응하여 우리가 하나님 앞에 겸비하게 나아갈 수 있다면, 다시 한 번 큰 부흥의 역사를 체험하게 될 것입니다.

02 무엇을 꿈꾸십니까?

　팔순을 맞은 가나안농군학교 김범일 교장은 자신의 삶과 신앙을 고백한 책 〈꿈꾸는 자만이 이루리라〉를 통해 어려운 상황일수록 미래를 향한 꿈의 가치가 높아져 감을 증명해 줍니다. 아프리카의 빈곤문제 해결책을 찾기 위한 만남이었던 반기문 유엔 사무총장과의 대담에서도 그는 "아프리카, 남아메리카에 가나안농군학교의 깃발이 펄럭이는 날이 오는 것, 이것이 나의 꿈입니다."라고 말했을 정도입니다.

　청소년 시절, 배고픔이 너무도 무서워서 집을 뛰쳐나와 7개월이나 떠돌아다니기도 했다는 그는 "그러는 과정에서 이 세상에 나보다 훨씬 더 배고픈 사람이 있다는 것을 배우게 되었다"고 말합니다.

　오늘날 기독교가 직면한 문제점에 대하여 '믿음 따로, 생활 따로가 근본의 문제이며, 자기 생전에 어떻게든 회복되는 변화가 일어났으면 하는 바람을 가지니 마음이 더 급해진다'면서 그는 우리나라, 특히 교회의 앞날을 걱정합니다.

　민족과 봉사정신으로 단련된 그는 개교 후 거의 흑자가 나지 않았고, 직원들의 봉급도 제대로 주지 못했던 학교였지만 언제나 부족함을 채워주셨고, 지금까지 이어질 수 있었던 것에 대해 하나님의 은혜 외에는 달리 설명할 길이 없음을 고백합니다. 이제 굶주리는 이들이 없는 세상이 펼쳐지길 바라며 세계를 향해 달려가고 있다는 가나안농군학교, 오직 이 학교를 위해 삶을 바친 김범일 교장의 '꿈'과 '감사'로 그 목표 지점에 한 발짝 더 다가서고 있습니다.

체험
02

우리 집안이 얼마나 신앙의 뿌리가 깊었는가 하는 것은 아들로 태어나면 목사가 되거나 장로가 되고, 또 딸로 태어나면 사모가 되는 것이 당연한 것으로 받아들여지는 것이 집안의 가풍이었다.

언젠가 우리 집안의 일가친척 중에서 목사가 된 분이 얼마나 되는지 살펴보니 무려 150여명이나 되었다. 조부도 목회자(이상기 목사)셨고 선친도 신앙생활을 열심히 하셨다. 외가·친가가 다 독실한 기독교 가계(家系)였다.

둘째 딸인 나는 할머니의 낭랑한 기도 소리를 언제나 자장가처럼 들으며 성장했다. 새벽기도도 할머니의 등에 업혀 빠짐없이 참석했다. 할머니는 강대상에 호롱불을 켜 놓으시고 잠든 나를 무릎에 누인 채 기도하셨다.

내가 다섯 살 때 6.25가 발발했다. 우리 가족도 평양 큰 집을 버리고 남한으로 피란길에 나섰다. 어린 소녀가 감당하기엔 너무나 힘든 멀고 먼 길이었지만 우린 허기진 배를 움켜쥐고 걷고 또 걸어 경남 김천의 종산골이란 곳에 안착했다. 영양실조에 너무나 힘이 들었던 나는 눈이 형체만 겨우 알아보는 실명상태가 되고 말았다. 그러나 의사에게 가볼 수도 없는 가난한 형편에 부모님이 해 줄 수 있는 것은 오직 기도 밖에 없었다.

"주님, 이 딸의 눈을 치료해 주세요."

메시지 하나님의 손에 붙잡힌 자

요나 1:3-10

요나는 하나님께로부터 악독이 하늘에 달할 정도의 죄인들에게 가서 하나님의 말씀을 전하라는 분명한 지시를 받았습니다.

그러나 요나는 의도적으로 하나님의 뜻을 거역하고 니느웨와는 정반대 방향으로 가게 됩니다.

첫째, 요나는 하나님의 사정거리 밖으로 가기 위해 다시스행 승선을 시도했습니다.

요나는 더 이상 하나님의 음성이 들리지 않는 곳을 찾아 나섰지요.

그래서 요나는 다시스로 가는 배를 타자마자 맨 밑층으로 내려갔습니다. 이처럼 의도적으로 하나님으로부터 멀어지는 길을 택하는 것은 하나님의 백성에게 있어 가장 위험한 일입니다. 하나님의 선지자로서 어떻게 이런 잘못된 판단을 내릴 수 있습니까? 이것은 바로 그의 분별력이 한순간 어두워졌기 때문입니다.

하나님의 말씀을 들었음에도 불구하고 거기에 순종하지 않을 때, 하나님께서 그의 총명함과 분별력을 거두어 가시는 것은 시간문제입니다. 처음에는 모든 것이 자기의 뜻대로 척척 진행되는 것 같지만 문제는 그것이 내리막길이라는 데 있습니다. 그래서 히브리어 성경에서는 의도적으로 '배에 내려갔다'라고 기록하고 있는 것입니다.

둘째, 하나님께서는 불순종한 요나를 위해 하나님을 나타내기 시작했습니다.

요나는 이스라엘 지경 내에서 역사하시는 하나님으로 그 능력을 축소하고 있었지요. 그래서 이스라엘의 경계를 벗어나기만 하면 하나님은 자기와 상관없는 줄로 알았던 것입니다. 그러나 하나님은 그 넓은 바다 가운데서도, 다시스로 가는 뱃속 밑창에 내려간 그를 찾아내셨습니다.

하나님은 세상의 모든 것을 주의 손으로 사용하시는 분입니다. 하나님께서는 불순종하고 도망치는 선지자 한 사람 잡아내고자 무서운 폭풍을 사용하십니다. 바다에서 일어난 폭풍이 얼마나 무서웠던지 배에 탄 사람들은 저마다 자기 신을 찾고 물건들을 아낌없이 모두 바다에 던졌습니다.

인간의 수고에도 불구하고 잠잠해지지 않는 폭풍은 우연한 일이 아니라 잠든 선지자를 깨우는 하나님의 외침입니다.

셋째, 결국 요나는 이방인 선원들 앞에서 자기 죄를 고백하였습니다.

폭풍이 몰아쳐도 아무런 반응을 하지 않는 요나를 위해 하나님께서는 선장을 보내셔서 직접 깨우십니다. "자는 자여 어찌함이냐 일어나서 네 하나님께 구하라"

어려운 일이 생기면 기도해야 할 사람이 잠만 자고 있으니까 하나님이 답답해서 믿지 않는 선장을 동원하신 것입니다.

그래도 깨닫지 못하는 요나를 위해 하나님께서는 이 재앙의 원인이 누구인지 드러내시기 위해 그 배 안에 있던 사람들로 하여금 제비를 뽑아 죄인을 찾아내게 하셨습니다. 비로소 하나님의 선지자는 이방인들 앞에 서서 자기가 무엇을 하는 사람인지 증거하게 됩니다.

요나가 "바다와 육지를 지으신 하늘의 하나님 여호와를 경외하는 자"로 자신을 소개한 것을 보면 하나님에 대한 인식의 변화가 일어난 것을 드러냅니다.

오늘 우리에게 필요한 일은 천지를 지으시고 주장하시는 전지전능하신 하나님을 발견하는 것입니다. 내 생각 속에 제한된 작은 하나님이 아니라 엄청나게 크고 위대하신 하나님을 세상에 나타내고 증거하는 산 증인이 되어야 합니다.

03 무엇을 찾습니까?

　영국 왕립 지리학회의 회원이자 편집자인 퍼거스 플레밍과 애너벨 메룰로는 61명의 탐험가가 직접 쓴 글과 그림으로 보는 54편의 탐험기를 실어서 엮은 책 〈탐험가의 눈〉을 통하여 생생한 탐험의 현장으로 초대합니다.
　탐험의 동기에 대하여 지구를 위에서 아래로 한 바퀴 일주한 래널프 파인즈는 '자신이 택한 것이 아니라 그냥 그렇게 풀려 버린 것'이라고 이야기합니다. 하지만 프랜시스 영허즈번드의 말처럼 이들을 끝없는 탐험으로 이끈 것은 바로 '건너편', 즉 '늘 탐험가들을 끌어당기지만, 늘 그 너머가 또 있어 결코 그들을 만족시켜 주지 않는 것' 때문일지도 모릅니다.
　평생 가볼 일이 없는 곳들을 책 속 인물들과 함께 고난과 한계를 넘는 간접적인 모험을 하면서 눈앞에 펼쳐지는 장엄한 경이를 만나게 되고 미지의 세계에 대한 인식의 지평을 넓힐 수 있는 것은 커다란 유익이라 할 것입니다.
　탐험에 성공했을 당시에는 '절벽이나 빙벽에 디딜 자리를 낼 필요가 없고, 가로지르기 할 능선이 없으며, 정상에 오른 순간 그들을 감질나게 하는 봉우리가 더 이상 없다는 안도감'에 잠시 휴식을 취하지만 돌아오는 길에서 또 다른 갈증을 느끼는 것이 그들의 속성입니다.
　탐험가들과 그리스도인은 비슷한 것 같으면서 너무나 다릅니다. 그리스도인들은 이 땅의 세계만 아니라 이 땅을 떠난 후의 세계까지 찾아갑니다. 하지만 아무것도 모르는 곳을 향해 가는 세상의 탐험과 달리 구원의 세계는 성경에서 알려 준 그대로 따라가면 됩니다.

체험
03

　간절한 부모님의 기도는 기적을 일으켜 시력이 회복됐고 다른 어린이들과 다름없이 뛰놀 수 있게 되었다. 초등학교 시절, 나는 당시 설교하던 외국인 선교사 특유의 말투를 곧잘 흉내내 어른들을 배꼽 잡게 만들곤 했다. 이때부터 예능에 자질을 보였던 것이 아닌가 싶다. 씩씩하게 길가로 나가 전도지를 돌리며 전도를 했던 기억도 난다.

　그러나 내가 신앙인으로서 제대로 하나님을 만난 것은 중학교 시절, 지금은 고인이 되신 성결교단 임영재 목사님을 통해서였다. 부흥사였던 임 목사님은 영적 카리스마도 대단했지만 포용력과 자상함으로 목회자의 본을 보여주심으로 나의 신앙이 바르게 뿌리내리는 데 큰 도움을 주셨다.

　중학교 때 금요철야 예배시간에 성령을 체험하고 깊은 회개기도 가운데 방언까지 하게 된 나는 세상이 완전히 달라보였다. 성령의 불을 받으니 내가 죄인인 것이 인정되고 회개가 터져 밤새도록 기도해도 시간가는 줄 몰랐다. 거듭남의 체험은 기쁨과 감사, 은혜를 충만하게 했다. 깊은 기도는 은사로 이어졌고 어린 나이임에도 영적 세계를 이해할 수 있게 되었다.

메시지 하나님의 진노에서 벗어나는 길
요나 1:11-17

요나와 함께 배에 타고 있던 사람들은 난생 처음 히브리인들의 하나님, 여호와에 대한 이야기를 듣게 됩니다. 우선 그들은 삶의 터전인 바다와 수도 없이 만난 폭풍을 여호와가 주장한다는 것을 알게 되었습니다.

이제 그들은 히브리 신으로 소개된 여호와 하나님의 진노를 가라앉히고 살아날 수 있는 방법을 찾아내야 합니다.

첫째, 세상 사람들은 하나님의 진노하심에서 벗어날 길을 찾고 있습니다.

하나님께서는 바다의 폭풍과 같은 극단적인 방법을 사용하셔서 우리의 생존을 위태롭게 하실 때가 있지요. 그러기 전까지는 우리가 얼마나 하나님의 거룩하심에 큰 피해와 고통이 되는지 알지 못하고 삽니다.

이제 이방인들 앞에 서서 자신의 죄를 고백하는 요나와 이것을 바라보는 사람들은 비로소 이 폭풍이 한 사람의 불순종에 대한 하나님의 진노임을 깨닫게 되었습니다. 그래서 그들은 요나에게 답이 있음을 알고 물어봅니다.

"우리가 너를 어떻게 하여야 바다가 우리를 위하여 잔잔하겠느냐?"

그에 대한 요나의 대답은 너무나 단순했습니다. "나를 들어 바다에 던지라!" 이것은 이방인들 앞에서 자신이 제비 뽑히는 것을 보면서, 자신의 죄가 하나님의 거룩하심을 손상시킨 교만임을 알고서 이런 무서운 죄에 대한 심판은 오직 자신의 죽음뿐임을 깨달은 것입니다.

둘째, 하나님을 배제한 인간의 방법은 바다의 풍랑만 더 흉용하게 할 뿐입니다.

요나가 자신을 들어 바다에 던지면 바다가 잔잔하리라고 했지만 함께 있던 사람들은 상생의 길을 모색해 보려고 애를 썼지요. 그러나 그들의 노력은 모두 허사로 돌아가고 말았습니다.

여기서 우리는 하나님께서 세상 사람들보다 높은 수준을 자기 백성들에게 요구하신다는 사실을 알아야 합니다. 어떤 잘못된 행동이나 큰 실수가 아니어도 단지 하나님의 말씀에 불순종한 것 때문에 징계하실 때가 있습니다. 왜냐하면 하나님의 공평하심과 의로우심을 나타내시기 위한 것입니다.

요나는 유대인의 생명이 이방인의 생명에 비해 훨씬 더 소중한 줄로만 알았습니다. 그런데 하나님은 이방인들을 살리기 위해 그가 죽기를 원하셨던 것입니다.

셋째, 배에 탄 사람들이 하나님의 진노에서 벗어나는 길은 단 하나밖에 없었습니다.

요나를 살려보고자 했던 노력은 배에 탄 사람이 모두 하나님 앞에서 죄인이라는 공감대를 형성하기에 충분했지요. 그러면서 그들은 점점 더 흉용해지는 바다를 보면서 하나님의 진노를 가라앉히고 자신들이 사는 길은 오직 대속의 죽음뿐이라는 사실을 깨닫게 됩니다.

결국 자기들 중에 한 사람이 죽어야 한다면 그는 흉악한 죄인이라기보다는 가장 의로운 한 사람일 것이고, 그가 이 모든 이들의 죄를 대신 지고 죽을 때 비로소 하나님의 진노를 가라앉힐 수 있다는 사실입니다. 이것은 예수 그리스도의 십자가 사건을 연상케 합니다. 그리스도께서 우리의 모든 죄를 뒤집어쓰심으로써 하나님의 용서와 축복의 길로 인도하셨습니다.

마침내 사람들이 요나를 들어 바다에 던졌고, 바다가 뛰노는 것이 곧 그쳤던 것입니다. 그런데 다른 사람들을 살리기 위해 지중해 바다 한복판에 던져졌지만 요나는 죽지 않았습니다.

우리는 말씀을 붙들고 한번 죽어 볼 각오를 해야 하고, 고난을 바라보는 믿음의 눈을 가져야 합니다. 아무리 힘든 고난도 믿음의 눈으로 바라볼 수만 있다면 하나님의 보좌를 움직이게 될 것입니다.

04 지금 어떠십니까?

　의사였던 아버지의 권유를 따라 정신과 전문의의 길을 걷게 된 프랑수아 를로르가 쓴 〈꾸뻬씨의 행복여행〉은 복잡한 현대인의 심리를 짚어가면서 우울한 마음의 원인을 진단해 주는 자전적 소설입니다.
　프랑스 파리의 성공한 정신과 의사 꾸뻬의 진료실은 언제나 많은 것을 갖고 있으면서도 스스로를 불행하다고 여기는 사람들로 넘쳐났습니다. 그러나 의사로서 그 어떤 치료로도 진정한 행복에 이르게 할 수 없다는 사실을 깨달은 그는 마침내 진료실 문을 닫고 '행복의 비밀'을 찾아 여러 나라를 여행합니다.
　맨 먼저 신비로운 동양적 색채와 감성을 기대하며 찾아간 나라에서는 서양의 도시와 다를 바 없이 현대적인 첫인상에 조금 실망했지만 한 연약한 여성으로 인해 사랑이 가져다주는 고통과 슬픔의 본질을 깨닫게 됩니다. 그리고 아프리카의 어느 곳에서는 빈곤과 환경적인 불안 속에도 여유를 잃지 않는 사람들을 통해 행복의 좀 더 구체적이며 사적인 비밀에 대해 생각하게 됩니다. 반대로 세상에서 가장 풍족한 나라에서는 삶의 이면에 만연한 가족과의 불화와 무관심, 정체성의 혼란 등을 발견하게 됩니다.
　결국 꾸뻬가 깨달은 가장 커다란 행복의 비밀은 '바로 지금 이 순간의 행복'입니다. 행복한 순간들이 모여서 삶 전체를 행복하게 만드는 것이지, 행복한 미래를 꿈꾸며 현재를 버티는 것은 어리석은 삶의 한 유형일 뿐입니다.
　"내일 일을 위하여 염려하지 말라"
　예수님의 말씀으로 오늘이 더 행복해질 것입니다.

체험
04

　당시 목회자는 가난한 것이 당연했던 때였다. 후줄근한 옷에 비쩍 마른 몸에 성경책만 옆에 끼고 다니는 모습은 나에게 무슨 일이 있어도 사모만큼은 안 되겠다는 결심을 하게 만들었다.

　반면 코쟁이로 불리는 외국선교사들은 멋진 옷에 지프차를 타고 우리가 보지도 못한 서양음식을 먹는 것이 부러웠다. 차라리 나는 미국사람에게 시집가서 좋은 옷 입고 맛있는 음식을 먹겠다고 다짐을 했던 기억이 난다.

　나의 어린 시절은 어머니의 오랜 지병으로 인해 집안 살림을 도맡았고 일을 야무지게 잘해 동네 어른들의 칭찬을 많이 받았다. 어머니는 오랜 투병생활을 하면서도 기도생활은 철저하게 하셨는데 내가 중학교 3학년 때 신유를 체험하시고 병을 이겨내셨다.

　활동적이고 적극적인 성격이었던 나는 고등학교에 진학해서는 걸스카우트 대원으로 봉사했고 발레를 전공해 고등학교에서 발레교사가 되었다. 나는 집안의 영향으로 신앙생활은 열심히 했지만 목회자 사모가 되려는 마음은 추호도 없었다.

　"목회자 사모는 아무나 되는 것이 아니야. 나는 평신도로서 하나님을 잘 섬길 것이다."

　우리가 인생의 계획을 세우지만, 그것을 최종적으로 결정하는 분은 따로 있다. 그 귀한 섭리를 모르면 인생이 답답해진다.

　왜 그런가. 우리의 주인은 하나님이시기 때문이다. 모든 결정은 주인이 한다. 그것이 주인의 권리다.

메시지
오직 하나님만 기대하는 자
요나 2:1-4

요나가 죽기 위해 바다에 던져졌을 때 큰 물고기가 그를 통째로 삼켰습니다. 물고기 뱃속에 갇힌 요나는 물고기와 함께 바다 깊은 곳으로 내려가게 되었고, 다행히 죽지 않고 살아 있었지요. 어쩌면 요나는 생존하고 있다는 것이 더 고통스러웠을지도 모릅니다. 그때 요나는 요동할 수 없는 물고기 뱃속에서 아무것도 염려하지 않고, 오로지 하나님만 바라보았던 것입니다.

첫째, 요나는 절망적인 상황에서 오직 하나님을 생각하고 바라보았습니다.

요나는 물고기 뱃속에서 발버둥치거나 몸부림치지 않았지요. 그는 먼저 하나님 앞에서 자신이 어떤 존재인지, 지금까지 어떻게 살아왔는지를 생각했습니다.

하나님의 백성들이 절망적인 상황에서 얻는 유익은 결국 하나님 앞에 아무것도 아닌 존재라는 자신을 알고 인정하는 것입니다. 요나는 자신이 이렇게 된 원인을 한 마디로 요약합니다. 자기가 하나님 앞에 범죄함으로써 그의 목전에서 쫓겨났다는 것입니다. 그래서 이제부터라도 다시 주의 성전을 바라보겠다고 말합니다. 우리는 요나처럼 자신이 처한 환경에서 현재의 영적인 상태를 진단하는 것이 중요한 일입니다.

둘째, 요나는 유일한 해결자이신 하나님께 기도했습니다.

지금 요나는 두려운 상황에 처해 있지만 놀라운 확신으로 기도하고 있지요. 그는 천지의 주재이신 하나님께서 바다 속 깊은 곳에서 드리는 이 기도를 듣고 계신다는 확신을 얻었기 때문입니다. 요나는 비록 물고기 뱃속에서나마 이 모든 일을 주도하신 분이 하나님이신 것을 알았습니다. 그래서 자기가 거쳐 온 이 모든 과정은 하나님 앞에 자기 모습을 고백하고 바른 신앙으로 돌아오게 하시기 위한 하나님의 섭리라는 것을 이제야 깨닫게 된 것입니다.

우리가 예배드리는 자리에 있다는 것이 얼마나 소중한 일입니까? 하나님께서 우리를 인도하셨기에 예배드릴 수 있는 것이고, 우리는 예배를 통하여 하나님을 대면할 수 있습니다. 이것은 하나님의 주도하에 진행되어 온 것이며 하나님께서 기뻐하시는 일입니다.

셋째, 요나는 현재의 상황과 자신의 소원을 있는 그대로 하나님께 아뢰었습니다. 요나는 물고기 뱃속에서 자기가 처한 상황과 자기의 생각을 있는 그대로 하나님께 표현했지요. 우리가 기도할 때 표현하는 것이 참으로 중요합니다. 요나는 지금 주의 파도가 자신을 터뜨리려 하고 있고, 주의 물결이 자신을 질식시키고 있다고 말합니다. 이런 가운데 오로지 민족주의에 사로잡혔던 요나는 이제 이스라엘이 망하더라도 하나님의 뜻이 이루어져야 하며 이방인이라도 구원받을 사람들은 구원받아야 한다는 것을 깨달았습니다. 그래서 그에게 소원이 생겼고 '다시 주의 성전을 바라보겠다. 이제라도 이방인에게 가겠다'는 결단을 하게 된 것입니다.

이 시대의 크리스천들도 크고 작은 요나의 체험과 비슷한 어려움을 겪고 있습니다. 질병으로 신음하거나 경제적인 어려움에 시름하고 불확실한 미래를 바라보면서 하나님의 음성만 기다리기도 합니다. 우리는 이때 요나처럼 영적인 상태를 바로 진단하고 어떠한 상황에서도 하나님을 높여 드리기를 원해야 할 것입니다. 이 모든 일을 주도하신 분이 하나님이시라는 사실을 기억하고 하나님의 말씀을 붙들고 기도하며 찬양하는 가운데 하나님을 대면할 때, 우리에게는 새로운 인생이 시작될 것입니다.

05 앞이 캄캄합니까?

뜻하지 않은 수술로 더 이상 노래가 불가능하게 된 청년 성악가 이남현이 쓴 책 〈나는 지금이 좋다〉는 우리의 잠재된 불평을 단번에 거두어 갑니다.

예비 성악가인 저자는 군 제대 후 친구들과 만나 수영을 하던 중 머리를 다치면서 부러진 목뼈 조각 수십 개를 제거하고 골반 뼈를 목에 이식하는 대수술을 받았습니다.

어느 날, 통원치료를 받으며 병실로 이동하던 중 어린이 병동에서 들려오는 동요 소리에 잠시 멈추어 섭니다. 선천성 장애를 가진 아이들이었는데 한 아이가 문을 열고 그에게 '들어오라'는 손짓을 하자 자신도 모르게 "이렇게 살아서는 안 되겠구나." 하는 생각이 번쩍 들면서 자기도 노래로 희망을 전파하는 사람이 되겠다고 다짐합니다.

폐활량은 일반인의 20~30% 수준에 불과하고 척추신경 손상으로 복식호흡을 할 수 없어 정상적으로 말하는 것조차 버거운 상태였습니다. 하지만 그는 노래 한곡의 1절만 부르는 것을 목표로 삼고 1년 동안 7음계만 외우며 연습을 거듭하였고 마침내 2년이 지나면서 '청산에 살리라'의 1절을 부를 수 있게 된 것입니다.

만약 자신이 장애인이 되지 않았다면 '보고, 듣고, 숨 쉬고, 말하는 기쁨을 누리지 못했을 것'이고, '꿈꾸는 것의 소중함과 희망의 가치를 깨닫지 못했을 것'이라고 말하는 그는 "하나님은 내게서 모든 것을 빼앗아 가신 게 아니었다. 내가 붙잡고 있던 것들을 내려놓게 하신 다음 더 많은 것들로 채워 주셨다"며 절망에 빠진 사람들에게 희망을 줍니다.

체험
05

　어느 날, 기도원 집회에 참석하셨던 어머니는 한신대를 졸업하고 전도사로 봉직하고 있는 한 청년을 만나 사윗감으로 점찍으셨다. 열정적이고 용모도 뛰어난 이 장경환 전도사에게 나를 시집보내고픈 마음이 드셨던 것이다.
　"내가 봐 둔 전도사와 선을 보기로 했으니 그리 알아라."
　"엄마, 난 절대로 목사에겐 시집 안가요. 딸을 평생 고생시키려고 하세요? 생활능력도 없는 가난한 전도사 저는 싫어요."
　내가 워낙 단호하게 거절하니 어머니는 양가 어머니까지 모여 선을 보기로 약속은 해놓고 아주 난처한 상황이 되셨다. 그래서 고안해 낸 것이 교회의 믿음 좋은 처녀를 딸이라고 하고 맞선 자리에 나갔는데 결국 들통이 나고 말았다.
　그 전도사는 포기하지 않고 내가 근무하는 학교로 불쑥 찾아왔다. 마스게임을 지도하던 나는 너무나 당황스러워 아주 쌀쌀맞게 대하고 돌려보냈는데 그는 내가 마음에 들었는지 계속 집요하게 구애를 해왔다.
　나는 정식으로 맞선을 보겠다고 한 뒤 일부러 짧은 치마를 입고 한껏 멋을 내고 나갔다. 그쪽 어머니가 내 모습이 사모로는 적절치 않다고 생각해서 포기시키려는 작전이었다. 상대방 어머니는 예상대로 아니라고 손을 저었지만 장 전도사는 이에 조금도 굴하지 않았다.

메시지 | 피곤한 영혼의 소생
요나 2:5-10

요나는 지금 깊은 바다 속에서 한정된 생명을 살고 있습니다. 그런데 요나에게 있어 배고픔이나 숨 쉬지 못하는 고통보다 더 심각한 것은 영적인 혼동입니다. 그런 가운데 요나에게 갑자기 빛이 비쳤고, 하나님과 자신의 가치를 새롭게 깨닫는 순간이 찾아왔던 것입니다.

첫째, 요나는 지금 처한 현실을 그대로 인정하고 받아들였습니다.

지금 요나는 철저하게 혼자 깊은 바다 속에 빠져 있지요. 이 외로운 상황에서 요나는 자신의 객관적인 모습을 그리고 있습니다. 이것을 그는 온통 물에 에워싸여 있다고 표현했는데 게다가 이 물이 자신의 영혼까지 들어왔다고 말합니다. 이것은 도저히 살아날 가능성이나 살아날 소망이 전혀 없다는 뜻입니다. '바다풀이 머리를 쌌을' 정도로 머리가 뒤범벅이 되어서 아무것도 생각할 수 없게 되었던 것입니다.

선지자의 능력은 어디론가 사라져 버렸고, 영혼마저 극도로 피곤함을 느낄 정도의 연약한 모습입니다.

그런데 바다 가장 깊은 곳에 내동댕이쳐진 채 빗장에 걸려 위로 올라갈 수도 없다고 고백했던 요나가 갑자기 하나님이 자기를 구덩이에서 건지셨다고 말하고 있습니다. 이것이 바로 요나에게 찾아온 구원에 대한 확신과 절망 가운데서 갖게 된 소망입니다.

둘째, 그렇다면 요나의 영혼이 소생케 된 원인이 어디에 있을까요?

요나는 자기 영혼이 심하게 피곤할 정도로 너무 절망이 크고 지쳐서 어떤 생각이나 소망도 가질 수 없었는데 여호와를 생각하면서부터 이 같은 극도의 영적 피곤에서 벗어날 수 있었다고 말합니다. 이렇게 요나의 마음속에 갑자기 희망이 생기게 된 것은 먼저 어디에나 계시는 무소부재하신 하나님과 참된 하나님을 안다는 것이 가장 큰 축복임을 발견했기 때문입니다. 그래서 거짓되고 헛된 것을 숭상하는 것은 사람의 욕망을 표현한 것으로써 이 모든 것은 다 우상이라고 결론지었습니다. 그러면서 요나는 지금까지 이방인들에 대해 심한 편견을 가졌던 자로서 자신을 바다에 던져서 이방인들을 살리시는 하나님을 보게 된 것입니다.

셋째, 이제 요나에게 기대되는 일은 무엇이겠습니까?
요나는 물고기 뱃속에서 큰 은혜를 받았지요. 그렇다고 해서 문제가 해결된 것은 아무것도 없습니다. 여전히 요나는 물고기와 함께 바다 속에 있습니다. 요나가 새사람이 된 것은 사실이지만 현실은 여전히 절망적입니다. 이때 물고기 뱃속에서 요나가 했던 기도가 무엇입니까? 하나님께 감사의 제사를 드리고 서원을 갚겠다는 것입니다. 이것은 살아나간다는 것을 전제로 한 기도입니다. 여기까지 인도하셔서 하나님을 새롭게 깨달을 수 있도록 해 주셨다면 이 물고기 뱃속에서 나가는 일도 하나님이 책임져 주실 것이라는 믿음을 갖게 된 것입니다.
그러자 요나의 믿음대로 하나님은 물고기에게 명하셔서 그를 육지에 토하게 하셨습니다.

하나님은 우리 생각보다 훨씬 큰 능력을 가지고 계신 분이십니다. 우리는 언제 어디서나 변함없이 하나님의 도움으로 살아가는 사람들입니다. 우리 영혼이 피곤할 때가 있는 것은 하나님이 우리를 바른 길로 인도하고 계시기 때문이며, 우리를 통해 선한 계획을 이루고자 하시기 때문입니다. 그러므로 우리는 어려운 상황 그 자체보다 어떻게 하나님을 새롭게 발견할 것인가에 집중해야 합니다. 하나님을 새로이 발견하면 자신의 존귀함이 보이고 비전이 세워질 것입니다.

06 이제 어쩝니까?

　미국 서던 캘리포니아대에서 심리학을 전공하고, 아일랜드로 건너가 왕립외과대학을 나온 스펜서 존슨 박사는 개인적인 일로 변화에 적응하지 못하여 방황할 때 자신에게 위안을 주고자 만든 네 가지 캐릭터로 이야기를 꾸몄습니다. 그것을 친하게 지내던 켄 블랜차드 박사에게 들려주었고 전 세계를 다니며 강연하는 켄에 의해 널리 퍼지게 됩니다. 그리고 그의 권유로 출판하여 베스트셀러가 된 책이 바로 〈누가 내 치즈를 옮겼을까?〉입니다.

　책 속의 주인공인 생쥐 둘과 꼬마인간 둘은 미로에서 맛있는 치즈를 찾아다니다 어느 창고에서 엄청나게 많은 치즈를 발견하고 매일 행복해 합니다. 그러던 어느 날 갑자기 치즈가 사라지자 냄새를 잘 맡는 생쥐 스니퍼와 민첩하고 빠른 스커리는 곧바로 다른 창고의 치즈를 찾아 또 다른 미로를 더듬어 나갔습니다. 그러나 아무런 일이 일어나지 않으리라 믿었던 헴과 허는 '누가 내 치즈를 옮겼을까?'라는 생각만 하며 소리 지르고 분노하면서 바닥난 창고의 벽을 뒤지고 캐보지만 새로운 치즈는 나오지 않습니다.

　뒤늦게나마 다른 치즈 찾기에 나선 허가 그동안 붙여놓은 쪽지 모음 가운데 "변화를 미리 감지하고 새로운 치즈 찾아 나서기를 두려워하지 말라"는 글에서 새로운 도전과 희망의 여운을 발견하게 됩니다.

　약속의 땅 가나안 입구에서 모세를 잃고 슬픔에 잠긴 여호수아에게 주신 하나님의 말씀은 "강하고 담대하라 두려워하지 말며 놀라지 말라"(여호수아 1:9)는 것입니다.

체험
06

'10번 찍어 안 넘어가는 나무 없다'는 속담은 맞는 말이었다. 나를 위한 열정적인 구혼에 마음이 조금씩 동요가 되었고 나는 20대 초반의 이른 나이에 결국 결혼을 하게 되었다.

YMCA회관에서 예배 형식으로 드린 결혼식에서 나는 과감한 초미니 드레스를 입어 하객들을 당황시키기도 했다. 나는 그토록 목회자와는 결혼 안하겠다고 다짐했지만 하나님은 이미 나의 길을 예비해 서서히 당신의 종으로 쓰기 위한 준비를 하신 것이 아닌가 여겨진다.

나는 결국 우리 집안의 가풍대로 목회자 아내가 되었다. 남편은 첫 목회지인 경기도 파주 탄현면의 작은 교회로 부임했다. 25평 규모의 초가집 사택이 있는 이 교회는 임진강이 한 눈에 보이는 아름다운 교회였다. 한 달 목회자 사례비가 쌀 두 말에 보리 한 말, 현찰 2만원이 전부였다.

우리의 소박한 목회는 이렇게 시작되었다. 자, 이제 하나님의 역사가 어떻게 일어날까?

메시지 뜻을 돌이키신 하나님

요나 3:1-10

하나님께서는 요나 선지자를 보내어 앗수르의 수도 니느웨 성 사람들을 회개시키시고 용서받게 하셨습니다. 그런데 그들보다 훨씬 의로웠던 이스라엘 백성들이 하나님의 용서를 받지 못한 것을 보면 하나님 앞에서 나의 부족함과 두려움과 죄를 인정하고 무릎 꿇는 것이 얼마나 중요한 일인가를 깨닫게 됩니다.

첫째, 여호와 하나님께서 두 번째로 요나에게 명령을 내리셨습니다.

니느웨 사람들은 지금까지 죄짓고 사는 데 바빠서 자기 자신에 대해 생각할 시간이 없었지요. 그들은 두 번째 임한 하나님의 말씀이 요나의 입에서 나왔을 때에야 비로소 정확한 자기들의 모습을 볼 수 있었던 것입니다. 하나님의 눈에 비친 그들의 모습은 40일만 지나면 흔적도 없이 사라질 멸망의 사람들이었습니다.

그들이 두 번째 명령을 받고서 다가온 요나를 만난 것은 너무나 큰 축복입니다. 왜냐하면 첫 번째 명령을 받았을 때의 요나는 지금의 요나가 아니었기 때문입니다. 하나님을 이론적으로만 아는 사람과 하나님을 직접 경험한 사람은 전혀 다릅니다. 그는 하나님께서 자기를 물고기 뱃속에 넣으실 수도 있고 또 그 입에서 토하여 내시는 능력의 하나님을 경험한 사람입니다.

둘째, 니느웨 성의 백성들은 요나의 선포를 귀담아 들었습니다.

니느웨 성에서 복음을 전한다는 것은 결코 쉬운 일이 아니었겠지요. 한 나라의 수도에서 강퍅한 사람들을 만난다는 것이 두려운 일이지만, 그러나 요나는 40일 후에 망할 것이라는 심판에 대한 확신이 있었습니다. 니느웨 성 사람들은 이렇게 뜨거운 확신을 가지고 멸망을 선포하는 요나를 통해 마음이 움직이기 시작했던 것입니다.

지금까지 그들은 인격적인 신을 믿지 않았고, 그들에게는 '말씀하시는 하나님'에 대한 개념이 없었습니다. 그런데 요나의 확신에 찬 선포를 들으면서 그 신이 진노하고 있으며 자신들의 멸망이 임박했다는 생각을 갖게 된 것입니다. 이러한 깨달음은 니느웨 성의 회개 운동을 일으켰고 마침내 왕에게까지 확대되어 모든 사람들과 짐승들에게 베옷을 입혔고, 금식을 시키기에 이르렀습니다. 이것은 오직 하나님께서 니느웨 사람들을 불쌍히 여기신 역사적인 사건입니다.

셋째, 하나님께서 니느웨 성을 향한 뜻을 돌이키셨습니다.

니느웨 사람들은 요나의 선포를 통해 하나님 앞에서 자신들의 모습을 보았지요. 하나님 앞에서 모든 사람이 다 죄인이라는 인식을 하게 된 것입니다. 그리고 니느웨 사람들은 하나님 앞에서 진정으로 자신들을 낮추었고, 그들은 굵은 베옷을 입고 재 위에 앉아 금식하며 회개했습니다. 그러면서 그들은 하나님 앞에서 스스로 멸망할 수밖에 없는 죄인임을 인정했던 것입니다.

그리하여 니느웨 사람들은 자신들의 삶을 바꾸었습니다. 왕은 백성들에게 각기 악한 길과 손으로 행한 강포에서 떠나라고 명령했고, 백성들은 그 명령에 순종했던 것입니다. 이처럼 회개는 옛날의 방식을 버리고 완전히 새로운 방식으로 살기 시작하는 것을 말합니다. 니느웨 사람들에게 주어진 40일의 기간은 자신들의 변화된 모습을 하나님 앞에 보여 드릴 수 있는 기회였습니다. 하나님은 그 기간에 그들이 악한 길에서 정말 떠난 것을 보시고 작정했던 재앙을 취소하신 것입니다.

니느웨 성의 회개 운동은 완전히 변화된 한 선지자로부터 시작되었습니다. 우리 가운데서도 불같은 확신을 가지고 죄를 지적하는 새로운 요나가 일어날 때 하나님께서 다시 한 번 부흥의 기회를 주실 것이고, 우리는 반드시 위대한 삶을 다시 시작할 수 있게 될 것입니다.

07 어떤 게 좋습니까?

　일본 와세다 대학 법학부를 졸업하고 논픽션 작가로 명성을 얻은 이시카와 다쿠지는 한 농부와 인터뷰한 것을 토대로 쓴 책 〈기적의 사과〉를 통해 상식과 기적의 상관관계를 밝혀 줍니다.

　기계 광이었다가 영국제 트랙터에 반해 농사를 시작하게 된 기무라 아키노리는 6만여 평의 사과나무 밭에 열심히 농약을 뿌리던 보통 농부였습니다. 그러던 그가 우연히 '자연농법'을 적용시켜 농약을 끊게 되자 벌레가 끓고 꽃도 피지 않게 되면서 파산지경에 이릅니다. 6년째를 고비로 더 이상 견딜 수 없어 목을 매 죽고자 산에 올랐다가 건강한 도토리나무를 발견한 그는 자신의 사과밭을 산속 환경으로 가꿉니다. 그러자 벌레가 사과나무를 쳐다보지 않게 되면서 그 이듬해 황홀한 꽃이 사과밭을 뒤덮었고 유난히 굵고 튼튼한 꼭지들로 가득하여 태풍도 이겨냈습니다.

　그 사과로 만든 수프를 파는 도쿄의 한 프랑스 레스토랑은 1년 뒤까지 예약이 꽉 찰 정도이며 주방장이 사과 하나를 잘라서 보관했는데 2년이 지나도록 썩지 않고 쪼글쪼글 마른 상태였다고 하여 기적의 사과로 불린 것입니다.

　"자연은 그 자체로 완결된 시스템인데 인간들이 좋은 결과를 얻기 위해 그 시스템에 손을 댐으로써 농작물은 자연의 산물이라기보다 일종의 석유화학 제품이 되어 버렸다"며 기무라 씨는 탄식합니다.

　예수님께서 자신을 포도나무로, 우리를 가지로 비유하신 것처럼 인위적인 방법의 개발보다 더 중요한 것은 주님과의 친밀한 관계입니다.

체험
07

  고등학교 시절, 전국행사인 남원 춘향이로 뽑히기도 했고 미스코리아에 출전했다가 지역 결선에서 어머니에 의해 단상에서 끌려 내려왔던 나였다. 한때 영화촬영까지 하다 부모님의 반대로 중단할 만큼 외모에는 자신이 있었고 여기에 발레까지 전공해 몸매도 빠지지 않았다.

  나는 눈이 높을 만큼 높았고 자존심도 무척 강했다. 그리고 절대 목회자와 결혼을 안 하겠다고 어려서부터 다짐했는데 결국 목회자 사모가 되어 있었다. 어머니의 센 기도 앞에는 당해낼 수 없었던 셈이다. 그렇지만 시골에서만 갇혀 지내려니 너무나 갑갑했다.

  남편은 사회도 잘 보고 영어와 음악 실력도 뛰어난 다재다능한 목회자였다. 목회엔 정말 열심이었지만 형편이 어려우니 나는 남편을 돕느라 다시 학교에서 교편을 잡고 발레레슨을 했다. 남편이 속한 장로교(기장)는 교단에서 정해주는 목회지를 가야 했다. 문산에서 다시 김제로 갔다가 안양에서 목회를 하게 되었을 때였다.

  자신의 몸을 돌보지 않은 채 지나치게 무리하며 목회하던 남편이 갑자기 소회가 안 되고 혈압도 높아지는 이상증세가 왔다. 목회는 점점 자리를 잡고 성도는 느는데 남편의 건강은 하루가 다르게 나빠졌다.

메시지 너무나 이기적인 분노
요나 4:1-4

요나는 하나님의 두 번째 명령으로 니느웨에 가서 심판의 말씀을 전합니다. 이 말씀을 외치는 동안 요나는 완전히 하나님의 손에 붙들린 상태였고, 그는 성령의 능력으로 니느웨의 멸망을 담대히 외쳤습니다.

그런데 그의 말을 듣고 반응하는 니느웨 성의 회개운동이 오히려 요나의 마음에 분노를 일으키게 됩니다.

첫째, 회개의 복음을 선포한 요나는 니느웨 사람들이 회개할 것을 원치 않았습니다.

사실 요나는 니느웨 사람들에게 회개를 촉구하면서도 본심으로는 그들이 구원받지 못하고 망하기를 바랐던 것이지요. 이것을 보면 그때까지 요나는 인과응보적인 사고를 가지고 있었던 것을 알 수 있습니다. 그러나 그의 본심이 이러했음에도 불구하고 하나님은 그를 강권적으로 붙들어 사용하셨던 것입니다. 하나님께서 요나의 마음속에 있는 악한 본성을 누르시고 하나님의 뜻을 이루셨습니다.

우리도 요나와 다를 바 없는 사람들입니다. '그럼에도 불구하고' 하나님 앞에 나아가면 하나님께서 우리를 통해서도 위대한 역사를 이루실 것입니다.

둘째, 요나는 이방인을 향하여 진노하시는 하나님으로 제한시키고 싶어 했습니다.

요나가 경험한 하나님은 아무리 택한 백성이고 하나님의 종이라 하더라도 죄를 지은 사람은 절대로 용납하지 않으시는 분이지요. 이것이 바로 하나님의 진노입니다.

그런데 하나님께서는 아무리 추악한 죄를 짓고 멸망당할 자라 하더라도 회개하며 나아올 때 무조건 용서해 주시는 "은혜로우시며 자비로우시며 노하기를 더디 하시며 인애가 크시사 뜻을 돌이켜 재앙을 내리지 아니하시는 하나님"이십니다. 그래서 하나님께 회개할 마음이 들었다면 이미 살아난 것이나 다름없습니다. 그런 생각이 들었다는 것 자체가 하나님이 그를 살리기로 작정하셨다는 증표이기 때문입니다. 하나님의 성품을 너무나 잘 아는 요나가 니느웨 사람들에게는 적용하려 하지 않았던 것은 하나님께서 이스라엘만 사랑하셔야 하고 용서해 주셔야 한다고 생각했기 때문입니다.

셋째, 드디어 요나는 하나님 앞에 엄청난 분노를 터뜨렸습니다.

선지자의 입에서 죽는 것이 낫겠다고 말하는 것은 굉장히 망령된 것이지요. 요나도 조금 전까지만 해도 니느웨 성에서 성령에 붙들려 복음을 전한 사람입니다. 니느웨 사람들은 요나를 통해 하나님의 권위를 보았습니다.

그런데 그 엄청난 회개 역사가 일어난 후, 요나는 자기의 정상적인 모습으로 돌아오게 된 것입니다. 그러자 요나는 왜 하나님께서 이스라엘 백성들의 마음은 바꾸지 않으시고 이 악한 자들은 이처럼 회개시키셨는가 하는 분노로 죽고 싶어 했습니다. 그때 하나님께서는 요나가 이렇게 생각하는 것이 옳지 않다고 말씀하셨습니다. 하나님의 능력에 붙들려서 그들을 회개시켰으면 그 뒤의 일도 하나님께 맡기라는 것입니다.

하나님 앞에 온전히 순수한 마음으로 사용되는 사람은 아무도 없습니다. '그럼에도 불구하고' 하나님은 역사를 일으키십니다. 그리고 어떤 죄를 지었어도 담대히 하나님께 나아가면 은혜로우시며 자비로우시며 노하기를 더디 하시며 인애가 크신 하나님이 안아 주시고 위로해 주시고 축복해 주십니다. 또한 하나님이 축복하실 때 절대로 자기 모습을 보지 말고, 그 모습 그대로 하나님 앞에 고백하며 나아갈 때 하나님의 변함없는 축복이 임할 것입니다.

08 어떻게 살리십니까?

〈몬테크리스토 백작〉으로 유명한 알렉상드르 뒤마는 파리 경찰기록보관소에서 영국 스파이 누명을 쓰고 프리네스트렐의 한 성에 감금되었던 프랑수와 피코라는 한 청년의 실화를 찾아 이 소설의 모티브로 삼았습니다. 프랑스 혁명 중 정치적 음모에 휩쓸린 한 청년의 비극적 사랑과 모험, 배신과 복수의 이야기를 뒤마가 대서사극으로 재탄생시킨 것입니다.

1등 항해사인 에드몽 단테스는 선장의 갑작스러운 죽음으로 인해 19세에 배의 선장이 되지만 그를 시기했던 배의 회계사 당글라스는 단테스의 약혼녀 메르세데스를 짝사랑했던 페르낭을 부추겨 단테스를 나폴레옹 파의 스파이로 몰아 누명을 씌웁니다. 단테스는 약혼식에서 체포됐고, 이 사건에 검사대리 빌포트의 음모가 더해져 이프 섬의 감옥에 갇히게 됩니다.

감옥에서 파리아 신부를 만난 단테스는 여러 가지 교육을 받으며 복수심을 불태우고, 몬테크리스토 섬에 매장된 보물에 대한 이야기도 듣게 됩니다. 단테스는 파리아 신부와 함께 탈옥을 준비했지만 파리아는 노환으로 먼저 세상을 떠나고, 죽은 파리아 대신 관에 들어가 시체가 바다에 던져졌을 때 비로소 탈출에 성공합니다.

이와 같이 죄의 노예로 자유를 잃었던 우리가 죄의 세력에서 벗어날 수 있는 유일한 길은 과거의 나를 죽이고 새 사람으로 태어나는 것입니다. 예수님이 내 죄를 대신해서 죽었다는 것을 믿으면 하나님께서 나의 옛 사람이 죽은 것으로 인정하십니다. 이것이 바로 인간 구원의 신비입니다.

체험
08

　나는 일단 학교근무를 중단하고 간병에 매달렸다. 그런데 남편은 병약한 몸을 외면한 채 40일 금식기도를 작정하고 이를 시작했다. 주위에서 만류했지만 소용이 없었다. 시간이 지날수록 건강은 더욱 악화가 되었고 나는 남편을 살려 달라고 주님께 뜨겁게 부르짖었지만 결국 소천하고 말았다.

　남편을 잃은 마음의 상처와 고통은 엄청났다. 이어지는 현실도 암담했다. 당시 나는 네 자녀를 두었다. 맏이가 중학교 3학년, 그리고 둘째가 중1 딸이었고, 2년 터울로 초등학교 5학년과 3학년 둘은 아들이었다.

　당시만 해도 목회자 남편이 소천하면 사모와 아이들은 대책 없이 사택을 비워주고 나가야 했다. 전셋집이라도 하나 얻어주는 배려나 일정기간의 생활비 지원도 전혀 없었다.

　이때 홀사모의 사정을 뼈저리게 느끼고 고통을 당했던 나는 이후 목사가 되고 안정을 찾으면서 홀로된 사모 돕기부터 제일 먼저 시작하게 된 것이 바로 이런 이유였다. 내가 직접 체험해 보아야 그 아픔을 아는 것이기 때문이다.

　나는 아이들을 끌어안고 하나님께서 이 아이들을 책임져 주십사고 눈물을 뿌리며 기도했다. 그런데 기도하면 할수록 남편이 못 다한 목회를 내가 이어가야 한다는 사명감이 솟았다. 이것은 개인의 의지가 아닌 성령의 명령이었다.

메시지 정의를 뛰어넘는 사랑
요나 4:5-11

요나는 악한 니느웨 사람들이 회개한 것을 보면서 기쁘지 않았습니다. 그래서 그들이 정말 망하는지 망하지 않는지 지켜보고 있는 요나를 위해 하나님은 아주 작은 사건을 통해서 너무나 소중한 것을 깨우쳐 주십니다.

첫째, 요나의 정의감은 너무나도 이기적인 것이었습니다.
하나님의 말씀을 외친 요나는 니느웨 성의 장래를 지켜보기 위해 성읍 동쪽에 자기를 위하여 자리를 하나 만들었지요. 요나는 니느웨 사람들의 회개를 인정하고 싶지 않았던 것입니다. 여전히 그들이 위선적인 회개로 망하기를 바라면서 성 밖에 나가 초막을 짓고 40일을 기다리며 지켜보기로 작정했습니다. 하나님은 이런 요나를 향해 "네가 성내는 것이 옳으냐?"고 물으신 것입니다. 이 악한 사람들이 눈물을 흘리며 회개하는 것을 보고 성을 내는 요나의 모습은 하나님 보시기에 좋지 않았습니다. 그래서 하나님은 아무리 정당한 정의감일지라도, 죄를 뉘우치고 돌아오는 자에 대한 사랑보다 더 높고 귀할 수는 없다는 것을 가르쳐 주십니다. 하나님께서 우리를 만드신 것은 심판을 위한 것이 아니라 다른 사람을 사랑하고 축복하시기 위한 것입니다.

둘째, 하나님께서 한 작은 사건을 통해서 요나의 실체를 드러내셨습니다.
요나는 지금 성 밖에 있으면서 니느웨가 망하기를 기다리고 있었지요. 이때 하나님은 니느웨 성의 회개를 인정하지 못하는 요나를 위해 한 작은 사건을 준비하셨습니다. 먼저 성 밖에 있던 요나는 그늘을 만들어 준 박 넝쿨 하나에 굉장히 기뻐하다가 벌레 한 마리 때문에 또 엄청나게 분노합니다. 이 그늘로 40일을 버텨야 하는데 나쁜 벌레가 나타나서 갉아먹는 바람에 안식처가 없어져 버린 것입니다. 그러자 죽고 싶을 만큼 큰 분노가 솟구쳤습니다. 한번은 악한 자들은 쉽게 용서받으면 안 된다며 분노했던 요나가 이번에는 한낱 벌레 한 마리 때문에 분노가 폭발한 것입니다. 이것은 정의에 대한 사람의 기준이 지극히 자기중심적이라는 사실을 보여주는 단면입니다. 우리는 결코 절대자가 될 수 없고 한계를 가진 피조물에 불과합니다. 그러기에 세상에는 우리 뜻대로 되지 않는 일이 아주 많은 것입니다.

셋째, 하나님의 사랑은 정의를 뛰어넘는 사랑입니다.
진정으로 분노할 수 있는 분은 하나님 한 분밖에 없지요. 그래서 인간의 분노는 절대적인 분노가 되어서는 안 됩니다.
요나는 자기 것도 아닌 일년생 풀을 그렇게 아꼈습니다. 그렇다면 풀과는 비교할 수도 없을 만큼 소중한 존재인 앗수르의 악인들을 사랑하신 것은 너무나 당연한 일 아닙니까? 요나는 '하나님께서는 이스라엘만 사랑하셔야 한다'는 편견을 가졌던 것입니다. '이스라엘 백성이 아닌 사람들, 하나님을 모르는 악한 사람들은 얼마든지 망해야 된다'는 것입니다. 그러나 하나님께서 이스라엘 백성들을 그토록 사랑하신 것은 그들을 통해 이방인들도 담대히 그분 앞에 나아올 수 있음을 깨우쳐주셨습니다. 그래서 좌우를 분변치 못하는 어린아이들만 12만 명이 넘을 정도로 큰 성 니느웨를 소중히 여기셨던 것입니다.

우리의 사랑은 대단히 이기적인 경우가 많습니다. 그러면 하나님이 벌레를 보내셔서 내가 귀중히 여기는 그것을 갉아 먹게 하셔서 작은 이해관계에 얽매인 자신의 모습을 보게 하실 것입니다. 하나님은 한 사람 한 사람 뿐 아니라 그들이 가지고 있는 사소한 것들까지 귀중히 여기십니다. 그러기에 우리는 하나님께서 우리의 마음을 넓히시고, 우리 자신과 주변에 집중되어 있는 사랑을 확대해 주실 것을 기도해야 합니다. 그렇게 될 때 온전한 성령의 열매를 맺게 될 것입니다.

09 어떻게 일하십니까?

영국의 세계적인 광고 회사 사치앤드사치에서 15년 동안 크리에이티브 디렉터로 명성을 떨친 폴 아덴이 쓴 책 〈당신이 얼마나 잘하는가는 문제가 아니다. 얼마나 잘하고 싶어 하는지가 문제다〉에서는 '창조적으로 일하는 법'을 소개하고 있습니다.

저자는 세 사람의 말을 인용했는데 벤저민 프랭클린의 "나는 실패하지 않았다. 이루어지지 않은 1만 개의 아이디어를 냈을 뿐이다.", 토마스 에디슨의 "작동하지 않은 전구 200개를 만드는 동안 실패가 말해 준 것은 다음에 또 시도하면 된다는 것이다.", 연극 감독인 조안 리틀우드의 "우리가 길을 잃지 않았다면 새로운 길도 찾아내지 못할 것이다."라는 명언입니다. 이들은 모두 실패와 잘못된 시작이 성공의 전제 조건이라는 점을 알고 있었던 사람들이라고 그는 말합니다.

폴 아덴은 학창 시절 우등생이 사회에 나가면 열등생이 되는 의문에 대해 '똑똑한 사람들은 미래의 성공하고자 하는 열망이 아니라 과거의 관습에 따라 자신의 조건이나 능력에 맞추어 일을 구하기 때문'이라는 것입니다. 그래서 그는 '언젠가 똑똑한 사람들은 자신들보다 나아지기 위해 끊임없이 노력하는 사람들에게 추월당하게 될 것'을 예측합니다.

영혼 구원의 소명을 받은 그리스도인으로서 "내게 능력 주시는 자 안에서 내가 모든 것을 할 수 있느니라"(빌립보서 4:13)는 성경 말씀대로 하나님의 도우심 속에 최선을 다하면 반드시 크고 놀라운 일을 이루게 될 것입니다.

체험
09

나는 당시 청파동에 있던 대한신학교를 찾아 야간에 신학공부를 하고 낮에는 교회 사역을 하며 아이들을 부양했다. 또한 여성 목회자를 처음 배출한 중앙총회신학교를 졸업하고 막상 목회 일선에 나서려니 용기가 나지 않았다.

남편 친구와 아는 분들이 모두 목사인데 아내인 내가 목회를 한다고 하면 다 비웃을 것만 같았다. 그러나 이 기간 동안 나는 골방기도를 통해 영성을 쌓고 또 쌓고 있었다.

하나님께서 왜 내게 이런 가혹한 현실을 주시는지 따지고 싶기도 했지만 이 가운데 역사하시는 성령의 은혜는 예전과 다른, 깊은 믿음을 키우게 해 주었다. 목사 안수를 받고 개척하여 목회에 집중하던 나에게 캐나다 지인에게서 연락이 왔다.

"목사님, 안수도 받으셨으니 말씀에 목말라 하는 캐나다 한인들을 위해 순회설교 좀 해 주세요. 비자기간인 3개월간 이 곳에서 지내시며 좀 쉬기도 하시구요."

이 제안은 갑갑해 하던 내게 새로운 돌파구였다. 그러나 한창 손길을 필요로 하는 아이들이 문제였다. 시댁에 노크를 했더니 모두 고개를 저었고 결국 친정에 애들을 맡기고 비행기에 올랐다. 비행기 안에서 내내 아이들 걱정에 눈물이 그치지 않았다.

메시지 오직 요나의 표적 뿐

마태복음 12:38-42

예수님은 이 세상에 혼자 오셨지만 아주 중요한 것 하나를 가지고 오셨습니다. 그것은 바로 하나님 나라의 통치권입니다. 이 세상에서 누구든지 예수를 믿으면 하나님의 백성이 되고 하나님의 통치를 받을 수 있습니다. 하나님 나라의 특징은 사람의 중심을 완전히 변화시켜서 새사람으로 만드는 것입니다.

첫째, 예수님께 나아온 서기관과 바리새인들이 표적 보여주시기를 원했습니다.
하나님께서 종을 자기 백성들에게 보내실 때 주시는 증거가 표적이지요. 그렇다고 해서 반드시 증거가 필요한 것은 아닙니다. 왜냐하면 하나님의 백성들은 선지자의 말이 하나님의 말씀인지 거짓 예언인지 금방 알 수 있기 때문입니다. 게다가 표적은 선지자들에게나 필요한 것이지 하나님이나 하나님의 아들에게는 필요치 않은 것입니다. 그래서 예수님은 표적을 구하는 이 시대를 '악하고 음란한 세대'라고 꾸짖습니다. 이 시대의 사람들이 바른 하나님의 말씀에서 떠났을 뿐 아니라 기를 쓰고 하나님께 불순종하면서 자기 욕심과 정욕대로 사는 시대에 살고 있다는 뜻입니다.

둘째, 그때 예수님께서는 선지자 요나의 표적 밖에는 보일 표적이 없다고 말씀하셨습니다.
사실 서기관과 바리새인이 기대한 표적은 모세의 표적이나 엘리야의 표적이었지요. 이것은 하늘에서 만나가 내리든지 불이 내리면 예수님을 하나님의 아들로 믿겠다는 것입니다. 그렇다면 그들의 요구대로 예수님께서 불이나 만나를 한번

내려주셨으면 어떻게 되었을까요? 예수님은 그런 표적이 있어도 그들이 믿지 않는다는 것을 잘 알고 있었습니다.

이들이 예수님에게서 표적을 요구하는 것은 그러면 믿겠다는 것이 아닙니다. 단지 믿지 않을 핑계를 찾으려고 표적을 요구하는 것이며 하나님을 시험하려는 것입니다. 하나님께서는 믿는 자에게 능력을 행하시고 기적을 베풀어주십니다. 이것이 하나님 나라의 원칙입니다. 그래서 믿지 않는 자는 점점 더 믿음에서 멀어지게 됩니다.

셋째, 그러면 예수님께서 요나의 표적을 말씀하시는 이유가 무엇입니까?
요나는 죄악의 도성 니느웨에 가서 하나님의 심판이 임박했다는 메시지를 전하라는 명령을 받고서 도망쳤지요.
풍랑 때문에 큰 물고기 뱃속에 갇혔다가 살아난 자신의 이런 체험과 함께 40일 후에는 그 성이 망하게 될 것을 선포했는데 그 말만 듣고서도 니느웨 사람들은 하나님 앞에 엎드려 회개했던 것입니다.
그들은 요나의 이야기가 사실이라면 하나님은 능히 자기들을 죽일 수도 있고 살릴 수도 있겠다는 확신이 들었던 것입니다.
하나님께서 도망치는 요나를 붙들어서 니느웨로 보내신 것은 얼마나 큰 사랑입니까? 더욱이 하나님께서 그 아들을 이 세상에 보내셨다면 이보다 더 큰 능력과 증거는 있을 수 없는 것입니다. 그래서 예수님께서는 자신의 죽으심과 부활이 하나님이 우리를 사랑하시는 가장 큰 증거요 표적이라고 말씀하셨습니다.

예수님이 시시하다고 믿지 않은 자들은 모두 심판 때에 니느웨 사람들처럼 정죄를 받게 되고, 하나님의 아들이 친히 오셔서 증거하시는 말씀을 듣고도 회개하지 않는 자들은 시바 여왕의 정죄를 받고 핑계할 수가 없을 것입니다. 하나님 나라의 백성들에게 있어 아무 의심 없이 하나님의 말씀을 받아들이는 것보다 더 큰 표적은 없습니다.

10 무엇을 생각합니까?

    대만의 젊은이 리팅이, 스신위, 황즈옌, 황칭웨이는 단 3일에 1천만 원씩을 내는 강의를 듣고 〈디자인 씽킹 강의노트〉를 출판하여 창의적인 생각을 디자인하는 데 많은 도움을 줍니다.

    2010년 9월, 국립대만대학은 미국 스탠퍼드대학교에서 가장 인기 있는 디자인 씽킹 강의를 그대로 옮겨 왔고 100여 명의 신청자를 엄격하게 심사해서 30명을 선발했습니다. 이 책의 저자들은 여기에 뽑혀서 명문 강의를 직접 접하고 난 후 이전과는 전혀 다른 경이로움으로 가득한 새로운 인생을 경험하게 됩니다. 그리고 이들은 3일간의 강의를 통해 자신들이 느낀 커다란 감동과 에너지를 더 많은 사람들과 나누고자 했던 것입니다.

    저자들은 문제를 해결하는 과정에서 가장 중요한 것은 '사람'이며 핵심은 '생각'이라고 말합니다. 디자인 씽킹은 상대의 입장에서 '공감'하는 것을 토대로 파악한 사용자의 요구를 정리, 분석해서 핵심적인 내용을 이끌어냅니다. 그리고 5분 안에 100개 이상의 해결방법을 생각하여 아이디어를 도출한 다음, 생각 속에 머물던 것을 직접 손으로 만들어 아이디어를 완성하는 일련의 디자인 과정입니다.

    하나님께서는 예레미야를 통해 "너희를 향한 나의 생각을 내가 아나니 평안이요 재앙이 아니니라 너희에게 미래와 희망을 주는 것이니라"(예레미야 29:11)고 말씀하셨습니다. 그리스도인이 하나님의 생각을 바로 알고 실천할 때 세상은 덤으로 더 많은 유익을 얻게 될 것입니다.

체험
10

　남들이 보면 자식을 팽개치고 캐나다로 사역을 나서는 나를 비난할지 모르지만 하나님은 '담대하게 여호수아와 같은 믿음을 가지라'고 용기를 주셨다. 캐나다 토론토에 도착한 나는 도착 즉시 복음에 목말라 하는 이들을 찾아 나섰다.

　기후가 좋고 먹을 것이 풍부한 캐나다에서는 가는 곳마다 산해진미를 차려 내왔다. 그러나 선뜻 손이 가지 않았다. 아이들 생각에 차마 음식이 넘어가지 않았던 것이다. 나는 주의 종이기 이전에 모성애 강한 어머니였다.

　그러다보니 자연히 금식을 하는 시간이 많아졌다. 이와 비례해 나의 영성은 더욱 깊어졌고 성도들에게 큰 역사를 일으키는 집회가 이어졌다. 신유의 기적이 일어나고 각종 은사가 나타났다.

　한국에서 온 여교역자의 설교에 은혜 받았다는 이들이 많아지면서 계속 집회 요청이 이어졌다. 그런데 내 집회에 오타와에서 온 유학생 청년그룹이 참석했다가 큰 은혜를 받은 모양이었다.

　"이 에스더 목사님, 저희가 오타와에서 한인교회를 개척하려고 준비 중입니다. 저희교회 담임목사로 모시면 안 될까요? 부탁입니다. 저희는 목사님처럼 열정적인 설교자가 필요합니다."

　주의 종은 양들이 요청하면 마음이 약해진다. 나는 나를 애타게 기다릴 자식들을 생각지도 않고 덜컥 승낙을 하고 오타와 벧엘교회 담임목회자가 되었다. 새로운 사명감에 가슴이 요동치는 것을 느낄 수 있었다.

메시지 | 율법 안에 있는 복음

갈라디아서 1:6-9

갈라디아 교인들은 바울에게서 복음을 듣고 난 후부터 영적 노예상태에서 해방된 자들이지요. 그런데 그들을 유혹하는 자들 때문에 신앙이 흔들리고 있었습니다. 이것은 율법과 유대교를 혼동한 데서 비롯된 것입니다.

첫째, 예수 그리스도의 복음을 받았다가 주를 속히 떠난다는 것은 이상한 일입니다.

바울 사도는 도대체 너희가 어떻게 해서 은혜로 너희를 부르시고 구원하신 하나님을 버리고, 이상한 다른 복음을 따라갈 수 있느냐고 엄히 꾸짖고 있습니다. 은혜를 강조하는 바울 사도가 이렇게 질책하는 것을 보면 지금 이들은 구원의 본질적인 문제에 빠져있다는 것이지요. 여기서 바울 사도는 이들과 대결 구도를 형성하면서도 그들이 알아들을 수 있는 설명으로 현재 처해 있는 위치를 깨닫게 하는 것이 필요했습니다. 이 문제는 '그리스도의 은혜로 부르신 복음'과 '다른 복음'을 철저하게 분리시켜 해결해야만 합니다.

둘째, 사실 계율의 형태를 띠고 있는 구약의 율법 안에도 복음이 들어 있었습니다.

율법이라고 하는 것은 하나님께서 이스라엘 백성들에게 하나님의 백성 된 도리로 지켜야 할 법을 선포하신 것이지요. 이것은 하나님께서 그의 백성들에게 요구하시는 기준입니다. 그러나 이스라엘 백성들은 완전한 율법의 말씀을 다 지킬 수가 없었습니다. 그들은 늘 실수하고 하나님의 뜻을 거역할 뿐입니다. 그런데 그들이 깨닫게 된 것은 자기 자신들이 하나님의 법 앞에서 얼마나 연약하고 죄악된 자들인가 하는 것이었고, 그래서 항상 하나님의 은혜를 간구했습니다. 그러니까 율법은 이스라엘 백성들에게 하나님께 대한 믿음을 불러일으키는 역할을 했던 것입니다. 따라서 구약의 성도들도 구원을 받게 된 것은 믿음이요 하나님의 은혜였고, 그들이 율법을 보다 잘 지킬 수 있었을 때는 하나님을 매순간 의지하고 자기들을 죽일 때였습니다.

셋째, 그런데 유대교는 율법의 문자 조항 그 자체를 절대시하는 데 문제가 있습니다.

이 유대교가 대두된 것은 바벨론 포로기 이후부터였지요. 유대인들은 자기들이 바벨론에 망한 이유가 율법의 말씀을 무시했기 때문이라는 것을 알았던 것입니다. 그래서 다시 멸망당하지 않으려면 무조건 율법의 말씀을 지켜야 한다고 생각해서 율법의 참된 의도는 저버리고 자기들 마음대로 율법 조항을 많이 만들어 냈습니다. 결국 이것 때문에 유대교는 율법이 믿음을 불러일으키는 간접적인 역할을 하는 것이 아니라, 율법의 조항을 문자적으로 많이 지키면 그만큼 더 구원에 가깝다는 식의 이단으로 변질된 것입니다.

그러므로 우리는 율법 자체가 절대시되고 그 안에 들어 있는 정신이나 의도 같은 것은 전혀 의미를 인정치 않고 퇴색된 유대교의 율법을 따를 수 없는 것입니다.

11 왜 버려야 합니까?

미국의 유명한 상담가이자 정신과 의사인 래리 크랩은 성경을 가르치는 교사이기도 합니다. 그는 자신이 50여 년간 그리스도인으로 살아오면서 경험한 것과 성경을 연구하고 사람들을 상담하며 깨달은 바를 바탕으로 쓴 책 〈네 가장 소중한 것을 버려라〉에서 참된 그리스도인의 존재방식을 그려냅니다.

저자는 우리 그리스도인들이 예수님 안에서 새로운 길을 갈 수 있는 존재가 되었음에도 불구하고 자꾸 옛 생활의 길로 가는 데 문제가 있다고 지적합니다. 기도에 있어서도 하나님과 친밀함, 하나님을 더 알려고 하는 소망보다 하나님이 주시는 삶의 축복을 더 소중히 여기는 그리스도인들은 옛 생활 방식대로 기도하게 됩니다. 그래서 간구가 순종에 앞서고, 간청이 예배를 밀어내며, 감사는 대부분 축복에 의존한다는 것입니다.

저자의 부친이 인생의 황혼기에서 치매에 걸린 어머니를 보살폈는데 여러 번 자신에게 들려준 말을 전합니다.

"나는 하나님이 네 엄마의 치매를 단번에 고치실 수 있음을 알고, 또 믿는다. 그리고 그것을 위해 기도하고 있다. 그러나 하나님이 네 엄마를 고쳐주시지 않더라도 그 고통이 내가 알 수 없는 선한 목적을 위해 사용될 것임을 믿는다."

간청보다도 강요에 익숙한 생활은 우리의 탐욕만 더 부추길 뿐입니다. 이제 그리스도 안에서 새로운 피조물이 된 우리는 더 나아진 인생을 추구하는 것보다 하나님과 더 친밀한 교제를 누리며 하나님을 드러내기 위해 새로운 길, 곧 성령의 길을 걸어야 할 것입니다.

체험
11

　관광비자로 캐나다에 온 나는 3개월이 지나 연장신청서를 관계기관에 제출하게 되었다. 비자담당관은 내게 왜 연장을 하려느냐고 물었다. 그러자 나를 도우려고 온 통역하는 성도가 "우리가 세운 교회 목사님이신데 우리가 설교에 은혜를 받고 있으니 계속 계시게 해 달라"고 요청했다. 그러자 그 담당관은 이렇게 말했다.

　"기도로 병도 고치나요? 나는 30년째 병명이 없는 병으로 고생하고 있어요. 늘 고통을 느끼는데 의학적으로는 병명이 나오지 않아 답답합니다. 은사가 많은 목사님이시라니 기도를 받아도 되나요?"

　나는 그의 머리에 손을 얹고 방언으로 기도를 시작해 30여 분은 한 것 같았다. 그의 이마에서 구슬 같은 땀이 흘러 내렸다. 그러더니 성령이 임해 함께 기도하였고 하나님께서 이 시간 자신의 병을 고쳐주셨다는 확신이 든다고 했다.

　"당신은 하나님이 쓰시는 종이 확실히 맞는 것 같소. 내겐 평생 3명에게 보증을 서서 특별시민증을 나오게 할 수 있는 권한이 있는데 그중 1장을 당신을 위해 쓰겠소."

　나는 비자 연장은 물론 거주 자격까지 보너스로 받은 셈이었다. 하나님이 일하시면 그 어느 것도 불가능이 없다. 교회에서는 내게 살 집과 차를 마련해 주었고 나는 이곳저곳을 순회하며 마음껏 집회를 인도했다. 성령의 역사는 계속 나와 함께 하며 캐나다 사역의 입지를 다져 주었다.

메시지
오직 하나뿐인 복음
갈라디아서 1:6-10

구원의 목적은, 단지 우리가 복된 상태에서 잘 지내는 것이 아니지요. 하나님의 이름이 찬송을 받으며 하나님이 행하신 것이 나타나는 것입니다.

첫째, 사람들이 복음과 다른 복음의 차이를 알지 못하면 둘 다 갖고자 하는 욕심이 생깁니다.

바울의 복음이 전파된 후 유대인들은 바울이 복음으로 해방시킨 자들을 다시 종교적 노예로 사로잡으려 했습니다. 그런데 갈라디아의 기독교인들이 복음으로 만족하지 못하고 또 다시 유대교의 율법의 멍에를 매기로 한 것은 바로 눈에 보이지 않는다는 복음의 특성 때문입니다. 일단 복음은 구체적으로 자랑할 수 있는 것이 아무것도 없어서 흠이 될 수 있습니다. 그래서 사람들은 좀 더 확실한 구원을 잡고자 예수도 믿지만 할례도 받고, 복음도 믿지만 유대교의 율법도 지키고 싶었던 것입니다. 그러나 이것은 그리스도의 십자가를 버리는 일이요, 우리를 은혜로 부르신 하나님을 저버리는 배신이었습니다.

둘째, 다른 복음은 그리스도의 복음을 변질시킵니다.

이미 복음을 들은 이방인 신자들이 유대인 신자들의 성숙한 모습과 잘 훈련된 종교성 때문에 유대교로 다시 들어가려고 했지요. 그러나 복음은 오직 하나뿐인데 갈라디아 교인들은 그리스도를 통해 새로운 사람이 되느냐 아니면 유대인처럼 훈련을 통해 경건한 모습을 가질 것이냐 하는 데서 방황하고 있었습니다. 그리스도인이 남을 섬기고 어떤 일을 성실하게 하려면 훈련되어야 합니다. 그러나 훈련되었다고 해서 그 사람이 전적으로 새로운 사람이 되는 것은 아닙니다. 주님은 완전히 변화된 새사람을 원하십니다. 여기서 갈라디아 교인들은 혼선을 겪었던 것이지요. 복음은 사람의 영혼을 새롭게 하는 능력이요, 이 능력은 오랜 습관적인 훈련으로 되는 것이 아니라 오직 예수 그리스도의 이름에 있는 것입니다.

셋째, 그래서 바울 사도는 다른 복음을 전하는 자들에 대하여 저주를 선포했습니다.

바울 사도가 전한 복음은 바로 주님이 그들에게 주신 것이기 때문에 만일 거기에 다른 내용이 들어가면 그것은 바로 저주를 받을 일이라는 말씀이지요. 여기서 말하는 '저주'는 영원히 하나님의 것으로 지정된 것을 건드릴 때 임하게 됩니다. 하나님의 소유로 지정된 것은 어떤 일이 있어도 건드리지 말아야 합니다. 구원에 대한 하나님의 은혜는 가장 본질적인 부분이기 때문에 바울 사도는 이렇게 강한 표현을 사용한 것입니다.

사람들은 자기의 존재도 인정되고, 자기 안에 있는 작은 가능성이 격려되는 것을 원합니다. 그러나 복음은 단순한 그런 위로가 아닙니다. 복음은 하나님의 영광을 찬양하는 것이며, 하나님의 거룩한 이름을 높여드릴 때 거기에 따른 칭찬은 하나님께로부터 오는 것입니다. 그러므로 '사람을 좋게 하는' 것은 아무 소용이 없습니다.

12 지금 기도하십니까?

　미국에서 가장 영향력 있는 목회자 중 한 사람으로 꼽히는 시카고 윌로우크릭 커뮤니티의 빌 하이벨스 목사는 〈너무 바빠서 기도합니다〉라는 책을 통해 자신의 경험을 토대로 믿음이 약한 성도들의 기도를 도와줍니다.
　빌은 비교적 젊고 대단히 활동적이던 부친이 심장마비로 돌아가셨을 때, 아버지 없는 자기 인생을 어떻게 계속 꾸려 나갈 수 있을지 자신이 없었다고 합니다. 그 날 밤 그는 침대 밑에서 하나님과 씨름했습니다.
　"왜 이런 일이 일어난 겁니까? 제가 이 사건을 제 마음속에서, 그리고 제 인생 속에서 어떻게 이해하면 좋단 말입니까? 주님이 정말로 저를 사랑하신다면, 저한테 어떻게 이러실 수가 있습니까?" 하면서 불평을 토로할 때 "나는 능력이 있다. 너는 나로 족하다. 지금은 이 사실이 의심스럽겠지만, 나를 신뢰하거라"는 단순한 말씀으로 자신에게 평강을 주신 하나님을 체험할 수 있었다고 고백합니다.
　그런 관계로 우리 모두가 기도의 용사가 되어야 하는데 '기도의 용사'란, 하나님이 전능하시다는 사실, 즉 하나님은 무엇이든 하실 수 있고 누구든 변화시킬 수 있으며 어떤 상황에든 개입할 수 있다는 사실을 확신하는 사람이라고 그는 말하면서 '이 사실을 진정으로 믿는 사람은 하나님에 대한 의심을 단호히 거부하게 된다'는 것입니다.
　바쁠수록 더 기도해야 하고, 피곤할 때 더 기도할 수 있어야 합니다. 왜냐하면 기도는 절대적 가치이며, 결코 멈출 수 없는 영적 호흡이기 때문입니다.

체험
12

 그동안 아이들에겐 생활비를 보내주며 안부를 전하다 1986년 2월, 한 달간 휴가를 내어 한국에 나오게 되었다. 아이들이 그 사이 몰라보게 자라 있었고 엄마의 공백을 큰 딸이 잘 메워 주고 있어 감사했다.
 나는 한국에 돌아와 어머니와 함께 교회를 잘 섬기는 집사님을 통해 우연히 공군사관학교를 나온 현역 공군 중위를 만나게 되었다. 나와 동역자가 되어 지금까지 함께 사역하고 있는 장덕봉 목사이다.
 장 목사는 중·고등학교 시절 교회학생부 회장을 맡을 정도로 독실한 신앙생활을 했고 부친도 그를 주의 종으로 삼으려 기도해 왔다고 한다.
 그러나 그는 부모의 기대와 달리 등록금 부담이 없는 공군사관학교에 입학했는데 이 과정에 다시 소명을 찾아 목회자의 길을 가려고 마음을 먹은 상태였다.
 나는 그를 본 순간 하나님이 허락하신 사위라는 느낌이 빠르게 스쳐갔다. 이는 기도하는 나의 어머니도 같은 생각이셨다.

메시지 하나님의 위치
시편 8:1-9

하나님께서 만드신 하늘과 높은 산과 넓은 바다를 바라보면 참으로 웅장하다는 것을 깨닫게 되지요. 우리 눈에 보이는 천지 만물들은 매순간 쉴 새 없이 아름답고 찬란하게 하나님의 영광을 드러내고 있습니다. 그러니까 온 세상은 하나님의 이름과 영광으로 가득 차 있는 곳입니다.

첫째, 하나님의 이름이 온 땅에 아름답게 새겨져 있습니다.
하나님께서는 손수 만드신 이 세상에 자신의 이름을 남겨놓으셨지요. 이것은 너무나도 아름답고 신기한 이 세상의 모든 것을 하나님이 만드셨다는 말과 동일한 것입니다. 그런데 안타깝게도 욕심이 우리의 눈을 가려서 이 자연에 새겨진 하나님의 이름을 보지 못할 때가 많습니다. 그러다보니 늘 자기 문제에 빠져 허우적거리며 바쁘게 살아갑니다. 그러다가 어느 날 하나님을 만나고 영적으로 눈이 열리면서 비로소 자기를 둘러싸고 있는 이 세상의 경이로움에 눈뜨게 되지요. 그래서 우리는 완전히 새로 태어나는 것을 경험합니다. 이때부터 우리 주변에 있는 창조의 완벽함과 창조주의 탁월함을 발견하게 되는데, 이것을 시편 기자는 온 땅에 새겨진 하나님의 이름으로 표현했던 것입니다.

둘째, 하나님의 영광이 하늘을 덮고 있습니다.
저 높고 푸른 하늘은 하나님의 영광과 관계가 있는 세계라 할 수 있겠지요. 예수님께서 가르쳐주신 기도는 '하늘에 계신 우리 아버지여!' 로 시작됩니다. 여기서 하늘은 하나님의 영광을 나타내는 곳을 말합니다. 이 하늘은 인간이 감히 접근할 수 없는 영역이며, 매우 광대하고 웅장한 하나님의 능력을 나타냅니다. 저 광활한 우주 공간에서 밤마다 펼쳐지는 빛의 향연은 인간들의 불꽃 축제와는 비교할 수 없이 아름답습니다. 그러니까 온 세상은 하나님의 이름과 영광으로 가득한 모습입니다.

셋째, 그럼에도 불구하고 하나님께서는 연약한 성도의 입으로 권능을 세우십니다.

이 아름다운 하늘과 땅에 위기가 찾아온 것은 무서운 원수가 들어온 때부터였지요. 주의 대적들이 들어와서 하나님의 창조 세계를 부수기 시작했던 것입니다. 그래서 이 일로 인하여 하나님은 단순하고 순진한 어린아이와 젖먹이들의 입으로 권능을 세우셨다고 말합니다. 여기서 어린아이와 젖먹이들은 비유적인 표현으로써 비록 어린아이처럼 보잘 것 없는 존재이지만 새롭게 태어나 변화된 자들의 찬양을 자연 세계의 웅장한 찬미보다 더 기뻐하신다는 말씀이지요. 하나님께서 이렇게 하시는 이유를 '원수들과 보복자들을 잠잠케 하기 위한 것'이라고 시인은 말합니다.

그러므로 우리는 하늘을 쳐다보며 감격할 뿐만 아니라, 또한 하나님을 찬양해야 합니다. 왜냐하면 하나님께서는 수많은 천사들의 합창이나 거창한 자연의 찬미 소리보다 유치하지만 자신의 형상을 회복한 성도들의 찬양을 더 좋아하시기 때문입니다.

13 나는 누구입니까?

　온갖 철학을 섭렵했지만 진리를 찾지 못하고 방황하던 32세의 저스틴, 그가 해변에서 만난 한 노인으로부터 그리스도의 복음을 듣게 됩니다. 그 날 이후부터 회심한 그의 삶은 완전히 달라졌으며 회심 후 30여 년간 복음을 전파하는 일에 생을 다 바쳤습니다.

　초대교회 순교자들에게 일어난 실제적인 재판과정에 대한 보고를 기초로 쓴 김영희 편역의 〈나는 그리스도인입니다〉에는 퀴닉스 학파의 철학자들과 논쟁을 벌이던 중 크레스켄스의 선동으로 저스틴과 다른 그리스도인 동료 6명이 로마의 지사였던 루스티쿠스 앞에 끌려가 심문을 받은 내용이 나옵니다.

　"거두절미하고 묻겠다. 당신은 그리스도인인가?"라는 질문에 저스틴은 "예, 그렇습니다. 나는 그리스도인입니다"라며 담대하게 대답했고, 그의 동료들도 한 사람씩 차례로 같은 대답을 했습니다.

　루스티쿠스가 로마의 신들에게 제사를 드리라고 강요하면서 "순종하지 않는다면 너희들을 무자비하게 처벌할 수밖에 없다"고 말하자 저스틴과 다른 순교자들은 "당신이 원하는 대로 행하십시오. 우리는 그리스도인이며 우상들에게 제사하지 않을 것입니다"라고 잘라 말합니다.

　그러자 루스티쿠스는 이들을 매질하고 사형장으로 끌고 갈 것을 명하면서 "법률에 따라 이들을 참수형에 처할 것을 결정한다"는 최종 판결에 따라 거룩한 순교자들은 죽음을 두려워하지 않고 구주를 한 목소리로 고백하는 가운데 순교를 완성하였던 것입니다.

체험
13

    결혼도 대물림을 하는 것인가. 내가 어머니의 기도로 목사와 결혼하게 된 것처럼 나도 늠름한 공군사관학교 출신에 믿음 좋은 장덕봉 중위를 보니 사위삼고 싶은 생각에 막 서두르는 모습이 예전의 엄마 모습 그대로였다. 기도해 보니 딸의 배우자감으로 하나님이 허락하셨다는 믿음이 왔다.

    딸은 아직 20대 초반이라 천진한 소녀 같은데 나도 곧 캐나다로 다시 돌아가야 하고 장 중위도 미국으로 군사유학을 간다는데 이대로 지나가면 놓쳐버릴 것 같은 생각이 들었다.

    "장 중위님, 기도하는 가운데 하나님께서 내 딸과 맺어주었으면 하는 응답을 받았어요. 함께 기도해 보십시다."

    장 중위는 딸을 한번 보지도 않고 내 말만 들은 채 기도하더니 나흘이 지나 자신도 응답을 받았다며 결혼을 승낙했다. 우리 집안의 가풍대로 딸도 사모가 되는 순간이었다.

    이런 결혼이 또 있을까. 신앙으로 해석하지 않으면 도저히 있을 수 없는 일이었다. 내 딸과 장 중위는 결혼식 날짜를 미리 정해 놓고 그 전날 처음 만났다. 다행히 딸이 사위를 만족해하는 눈치여서 마음을 놓았다. 하나님이 인도하시고 주장하시는 결혼이라 모든 것이 물 흐르듯 자연스레 진행되었다.

메시지 | 성도들의 위치
시편 8:3-9

우주의 신비를 보거나 거대한 자연 앞에 설 때 우리는 어떤 생각을 하게 될까요? '정말 우리 인간은 작은 존재구나!' 하는 사실을 발견하게 될 것입니다. 그런데 하나님께서는 이렇게 보잘것없고 추한 죄인의 모습을 하고 있지만, 자기 죄를 자복하고 하나님께 나아오는 자들을 더 사랑하신다는 사실입니다.

첫째, 우리는 하나님 앞에서 자신이 너무나 왜소한 존재임을 알아야 합니다.
시인은 하늘과 거기에 있는 달과 별을 하나님께서 손가락으로 만드셨다는 표현으로 하나님의 위대하심을 밝혀주고 있습니다. 그런데 시인은 갑자기 "도대체 사람이 무엇이기에 하나님께서 그를 이렇게 생각하십니까?" 하는 질문을 던지면서 전체 분위기를 확 바꾸고 있지요. 그렇게 위대하신 하나님께서 우리 인생들에게 보여주신 사랑과 관심이 너무 크고 놀랍다는 것을 발견했기 때문입니다. 하나님께서는 우리의 작은 믿음을 얼마나 기뻐하시는지 그들을 일일이 챙겨주시며, 믿지 않는 자들까지도 참고 기다려 주십니다. 그러기에 시인은 감탄하면서 '사람이 무엇이기에'라는 말을 입에서 쏟아낸 것입니다.

둘째, 하나님은 타락한 인간들을 위하여 최고의 사랑을 나타내셨습니다.
만물의 창조주이신 하나님의 사랑은 인간의 범죄와 타락에서도 나타났지요. 그들이 '정녕 죽을 것'을 선언하셨지만, 그들의 구원을 위해 하나님의 독생자를 보내신 것입니다. 그래서 하나님의 아들이 인간의 몸을 입고 이 세상에 오심으로 '천사보다 조금 못하게' 하셨고, 예수님께서 십자가에 죽으심으로 하나님께서 '영화와 존귀'로 관을 씌우셨습니다. 그리고 사흘 만에 부활하신 승리를 통하여 그를 다시 하나님의 보좌 우편으로 높이신 것입니다. 이제 하나님께서는 예수 믿는 사람들을 죄인으로 보지 않고, 죽으신 하나님의 아들이 다시 살아온 존재로 보십니다.

셋째, 하나님께서는 부활하신 그리스도를 통치자로 삼아 성도들과 함께 온 세상을 다스릴 권세를 주셨습니다.

부활하신 그리스도는 하나님께로부터 모든 피조물들을 다스릴 권세와 만물을 심판할 수 있는 권한을 받으셨지요. 그런데 그리스도께서 온 세상을 통치하시는 특징은 홀로 다스리는 것이 아니라 우리 믿는 자들을 통하여 다스린다는 사실입니다. 그래서 우리가 믿음으로 행하는 모든 일들이 얼마나 아름다운 일이고 하나님을 기쁘시게 하는지 모릅니다. 그러므로 우리는 진리로 죄의 세력과 싸우는 것은 양보해서는 안 되며 그리스도의 주권을 되찾는 일에 열심을 내야 합니다.

우리가 믿음의 눈으로 보게 될 하나님 나라의 모습은 그리스도를 중심으로 하나님의 창조 질서를 되찾게 되고, 성도들과 함께 다시 하나님을 높여드리는 그것입니다.

14
26

52주 요나체험

성령에 붙들리라

"우리가 성령에 붙들릴 때 자신에게 나타난 현상을 제대로 알게 됩니다.
베드로와 다른 제자들은 세상의 눈으로 볼 때
말을 잘 하는 자들이 아니었습니다.
이들은 다른 사람들이 자신들에게 술 취했다거나, 미쳤다고 비방해도,
반박할 만한 능력이 없었던 자들입니다.
그런데 급하고 강한 바람 소리와 불의 혀같이 갈라지는 모습으로
성령이 그들에게 임했습니다.
그러면서 어느 한 순간, 다른 사람들 앞에서 말을 하지 않으면
도저히 견딜 수 없는 뜨거운 감동이 솟구쳐 올랐던 것입니다.
이것이 바로 그리스도인이 된 증거 중 하나입니다."

14 얼마나 힘듭니까?

"4월은 가장 잔인한 달"로 시작되는 T. S. 엘리엇의 장편 서사시 〈황무지〉는 하버드대학을 졸업하고 워싱턴대학교를 창설한 할아버지 윌리엄 그린리프 엘리엇 목사의 학구적인 유전자와, 시아버지의 전기를 쓸 정도로 타고난 어머니의 문학적 소질이 돋보이는 작품입니다.

〈황무지〉는 전쟁과 전쟁을 낳은 현대 문명이 얼마나 많은 사람들의 마음을 망가뜨렸는지를 살피던 중 싹을 틔우고자 몸부림치는 4월을 체험한 순례자의 모습을 드러냅니다. 그러면서 순례자는 황무지를 구원할 '말씀'에 귀를 기울이게 되고, 결국 산스크리트어로 세 가지 지혜를 깨닫게 하는 천둥소리를 들려줍니다. "다타(주라)! 다야드밤(공감하라)! 담야타(절제하라)!"

우리는 우리 자신을 내려놓아야만 다른 존재와 공감할 수 있는데 이것은 기독교의 '희생'을 연상시킵니다. 이 희생은 욕망과 탐욕을 절제하면서 모든 것에는 한계가 있다는 것을 수긍하게 만듭니다.

엘리엇은 평화를 뜻하는 "샨티"를 세 번 외며 순례의 끝을 맺습니다. '샨티'는 '팍스'(Pax)와는 달리 위로는 하늘을 존중하고, 옆으로는 다른 모든 존재를 가까이 하며, 밑으로는 자신을 한없이 낮추는 데서 오는 민중의 평화를 상징합니다.

십자가의 고난 후 부활하신 예수님께서 제자들에게 주신 말씀은 "너희에게 평강이 있을지어다!"입니다. 지금 두려움에 휩싸인 자들에게 요구되는 것은 오직 하나님의 평강뿐입니다.

체험
14

하객들의 축의금으로 식사를 대접하고 남은 돈을 사위에게 주며 신혼여행비로 쓰라고 했다. 그런데 신혼여행을 뒤로 미루고 딸과 의논해 그 돈을 자신이 지휘하는 공군부대 성가대원 가운비로 사용하겠다고 해 참으로 기특했다. 딸은 사위의 성가대 연습이 늦게 끝나는 바람에 신혼 첫날밤을 자취방에서 보냈다고 한다. 나는 주의 일에 최선을 다하는 모습에 서운하기는커녕 더 많은 점수를 주었다.

캐나다로 돌아가야 하는데 아무것도 모르고 결혼한 딸과 아직 도움을 줘야 하는 아이들을 보니 발걸음이 떨어지지 않았다. 캐나다에서는 왜 안 오느냐고 전화가 빗발쳤고 사람이 데리러 나오기도 했다. 그런데 문제는 가려고 하면 국내 부흥집회가 잡히곤 해 출국이 자꾸만 늦어졌다.

한번은 사위가 근무하는 대구의 공군부대 기독장교 모임에서 예배를 인도했다. 이날 하나님이 크게 역사해 주셔서 모두들 은혜를 받았고 매주 와 달라는 요청이 있었다. 사위 입장도 있어 당분간이란 단서를 붙이고 예배를 인도했는데 아예 예배처소를 얻어 목회를 해줬으면 하는 눈치였다. 사위도 이렇게 말했다.

"이 목사님, 캐나다보다 한국 사역이 더 중요하다고 생각합니다. 제가 장모님으로서가 아니라 목사님으로 모시고 옆에서 힘껏 도울 테니 국내 사역을 하시지요. 무엇보다 아내와 처남들이 장모님을 필요로 합니다."

메시지 | 멸망의 징조
마가복음 13:1-13

사람이라면 누구나 다 자신의 미래가 궁금하고, 기대를 갖게 되겠지요. 예수님 당시에 살던 유대인들도 메시아 대망 사상으로 인해 이스라엘의 회복을 기대하고 있었습니다.

특히 헤롯왕 때부터 건축하기 시작하여 46년 동안 계속된 예루살렘 성전은 그들의 자랑거리 중 하나였지요. 성전의 규모와 건물의 위용에 놀란 제자들의 입이 다물어지지가 않았고, 예수님에게 그것을 자랑하고자 합니다. 그런데 고난당하시기 전에 주님께서는 이 웅장하고 아름다운 건물의 파괴와 멸망에 대한 예언을 하셨습니다.

첫째, 멸망의 징조는 미혹하는 자가 많아지는 데서부터 감지됩니다.

제자들은 장차 예루살렘 성전이 철저하게 파괴된다는 말에 엄청난 충격을 받았겠지요. 지금까지 예수님의 죽으심은 믿으려고 하지 않았던 제자들인데, 예루살렘 성전이 파괴될 것이라는 말씀은 믿었던 것 같습니다. 그래서 긴장된 얼굴로 예수님께 언제, 어떤 징조가 있겠느냐고 물어봅니다. 그러자 예수님은 먼저 거짓된 메시아들을 주의하라고 말씀하십니다. 많은 사람이 내 이름으로 와서 내가 그라 하면서 사람들을 미혹한다는 것입니다. 이 미혹은 하나님의 말씀을 거부한 결과로 가장 먼저 나타나는 멸망의 징조입니다.

둘째, 멸망의 징조로 다양한 재난이 시작됩니다.

예수님은 전쟁과 지진과 기근과 같은 난리와 난리의 소문을 듣게 될 것이라고 했지요. 그런데 이것은 재난의 시작에 불과하다고 하시면서 제자들에게 구별된 말씀을 주셨습니다. 먼저 '두려워 말라'는 것입니다. 왜냐하면 예루살렘의 멸망이 올 때 예수님을 거부한 사람들에게는 파멸이지만, 우리 믿는 자들에게는 끝이 아니기 때문입니다. 오히려 믿는 자들에게는 복음 전파의 문이 활짝 열리게 됩니다. 그리고 '조심하라'고 말씀하셨습니다. 이것은 우리가 치열한 영적 전쟁에서 승리해야 하고 복음의 증거라는 궁극적 목적을 달성하기 위해서입니다.

셋째, 멸망의 징조가 보일 때 끝까지 견뎌내야 합니다.
우리는 단지 고통당하지 않는 것을 삶의 목적으로 삼아서는 안 되겠지요. 예루살렘의 멸망이 유대인들의 멸망을 초래했지만, 믿는 자들에게는 많은 민족에게 복음을 전하는 기회가 되었습니다. 실제로 예루살렘에서 핍박받던 초기교회 성도들은 그곳을 떠나 다른 민족에게 가서 복음을 전하고 부흥을 일으키지 않았습니까? 그래서 예수님은 제자들에게 성령이 말씀을 주시는 복음의 시대, 곧 성령의 시대가 온다는 위대한 약속을 주신 것입니다.

세상 사람들은 믿는 자들을 결코 이해하지 못합니다. 그래서 그리스도인들은 집에서 쫓겨나거나, 다른 사람에게 미움을 받을지도 모릅니다. 그러나 나중까지 견디는 자는 구원을 받는다는 주님의 말씀을 기억하고, 우리는 끝까지 그리스도인으로 이 세상에 남아 있어야 할 것입니다.

15 왜 아프게 합니까?

　야오야오는 〈자극적 심리학〉을 출판한 후 베스트셀러가 되면서 오히려 우울증, 불면증과 같은 심리 불안을 겪었던 여성입니다. 그 시련의 경험을 바탕으로 쓴 책 〈왜 나는 나를 아프게 하는가〉에서 저자는 말 못할 마음속 그늘에서 벗어난 자신을 드러내 줍니다.

　응용심리학 박사이자 중국 국가 2급 심리상담사인 그녀는 '고독은 고립과 달라서, 어떤 때는 누군가와 함께 있어도 여전히 고독한 자신'을 발견하고서, 정신적 고독은 아무리 육체적으로 서로 의지하고 있어도 쉽게 사라지지 않는다는 것을 깨달았습니다. 항상 타인과 교류하고 사람들로 둘러싸인 현대 사회에서 외로움을 느끼는 원인도 바로 이런 현상이라는 것입니다.

　그리고 누구나 이런저런 공격과 상처를 받으면서 자신이 처한 상황을 자신도 어쩔 수 없다는 생각에 무력감을 느끼게 되는데, 그 결과 스스로 자기 주변을 좌우할 능력이 없다고 믿으면서 점점 의기소침하고 우울해진다고 말합니다.

　그러면서 저자는 현대 사회의 특징으로 누워있는 데도 잠이 오지 않는 불면증 환자들과 상처 받은 사건을 또다시 겪는 트라우마, 즉 외상 후 스트레스 장애의 악몽으로 잠시도 숨을 곳이 없다고 느끼는 사람들이 너무나 많다고 진단합니다.

　이렇게 심리적 압박을 받으면서 부정적 반응에 묻힌 채 살아가는 현대인들이 "나의 평안을 너희에게 주노라"고 말씀하신 예수님의 평안을 얻게 되면 마음에 근심하거나 두려워할 이유가 전혀 없습니다(요한복음 14:27).

체험
15

결국 나는 캐나다 교인들에게 미안했지만 한국에 남기로 했다. 그리고 딸의 집과 가까운 교회에 터를 잡고 철야하며 기도의 포문을 열었다.

하나님께 내가 목회할 수 있는 공간을 주실 것을 간구했다. 그렇게 깊이 기도하는 가운데 "병원 앞으로 가라"는 응답을 받았다.

대구 파티마병원으로 가보니 건축 중인 새 건물이 있었다. 전세만 준다는데 사정해 50여 평에 월세로 들어가기로 계약했다.

완공과 함께 요나금식기도제단이란 현판을 걸고 입주를 했다. 요나와 같은 신앙인이 주변에 너무나 많기에 금식하며 죄를 자복하고 신앙인으로 거듭나자는 의도였다.

집회를 시작하자마자 놀라운 성령의 은혜가 넘치기 시작했다. 신유와 기적이 일어난다는 소문이 나면서 매일 200여명의 성도가 문제들을 안고 모여 들었다. 오전 10시 반부터 오후 2시까지 1차 집회를 열고, 밤 12시부터 새벽 4시까지 철야기도를 드렸다. 낮에는 주부들이 밤에는 직장인들이 모여 뜨겁게 기도하며 하나님께 부르짖었다.

메시지

인자의 오심

마가복음 13:14-37

　예루살렘 성전의 멸망을 예언하신 예수님께서는 그 징조가 보일 때 어떻게 행동해야 할지도 알려 주셨지요. 거짓된 성전을 믿지 말고 산으로 도망치거나 모든 것을 버리고 목숨을 건지라고 말씀해 주셨습니다. 이런 때 다른 것을 챙기려고 우물쭈물하다가 결국 망하게 된다는 것입니다. 그러면서 그때를 위해 기도하라고 말씀하시면서, 환난이 지난 후 보게 될 인자의 오심으로 우리의 기대를 부풀게 하십니다.

　첫째, 인자가 큰 권능과 영광으로 오는 것을 사람들이 보게 될 것을 말씀하셨습니다.
　예수님은 십자가를 지시기 전에 이미 재림에 대한 말씀을 하시면서 그 시기는 '그 환난 후'가 될 것이라고 단정해 주셨지요. 그때 나타날 현상 중에 태양이 어두워지고, 달이 빛을 내지 않고, 별들이 떨어진다고 했습니다. 이것은 그리스도의 영광이 태양보다 더 밝기 때문에 자연의 발광체들이 빛을 잃게 되고, 인간은 엄청난 두려움과 공포에 빠지게 될 것을 암시합니다. 이때 이 세상을 지배하는 하늘의 권능들이 흔들리게 되면서 이 세상의 모든 인간 활동이 정지되고 말 것입니다. 그러면서 이 세상은 인자의 오심으로 모든 것이 끝을 맺게 되겠지요.

　둘째, 인자가 오실 때 고난 받는 모든 성도들을 다 모으신다고 말씀하셨습니다.
　예수님을 찌른 자는 이미 죽은 지 오래된 일이지만, 그도 살아나서 주님이 오시는 것을 보게 될 것입니다. 그러고는 주님께서 천사들을 보내어 믿는 자들을 땅 끝으로부터 하늘 끝까지 모으신다고 했지요. 이것은 모든 성도들과 함께 공중에서 이루어질 어린양의 잔치에 대한 말씀입니다. 여기서 예수님은 먼저 무화과나무의 비유를 배우라고 하셨는데, 그 당시 농사짓는 사람들이 무화과를 가지고 여름의 무더위나 열풍 같은 것을 대비했듯이 환란의 때나 주님의 때가 가깝다는 것을 감지하라는 것입니다. 그런 다음에 이 세대가 가기 전에 이 일이 다 이룬다고 하셨는데, 예수님의 죽으심과 오순절의 성령강림 그리고 이방인들을 향한 복음의 증거와 예루살렘 성전의 멸망은 다 이루어진 역사적 사실이지요.

셋째, 그런데 예수님은 인자가 오실 때가 언제인지는 알지 못한다고 말씀하셨습니다.

예수님의 말씀을 듣는 세대 사람들은 살아 있을 때 주님의 예언이 이루어지는 것을 보며 살다가 죽어갔지요. 이제 우리는 구름을 타고 오시는 인자를 기다리며 살아갑니다. 그러나 인자가 오시는 그 시기는 마지막 때를 결정하시는 하나님 한 분만 아신다고 말씀하십니다. 그렇기 때문에 예수님은 깨어 있으라는 말씀과 함께, 종에게 집안일을 맡기고 타국으로 떠난 어떤 주인에 대한 예화를 주셨습니다.

주인은 언제 올지 모르지만, 반드시 돌아온다고 말합니다. 그때 종은 죄에 빠진 잠의 상태에 있지 않고, 깨어 기도하는 가운데 주인을 맞이해야 할 것입니다.

16 미움 받겠습니까?

고등학생 시절부터 철학에 뜻을 두었고, 대학에 들어가서는 은사의 자택에 문턱이 닳도록 드나들며 논쟁을 벌였다는 기시미 이치로와 전문 작가인 고가 후미타케는 아들러 심리학에 깊은 감명을 받고 인생이 송두리째 바뀐 사람들입니다. 이 두 사람이 만나 아들러 심리학을 대화체로 구성하여 펴낸 〈미움받을 용기〉는 현대인들에게 실질적인 도움을 주는 생활 철학을 담고 있습니다.

"인간의 고민은 전부 인간관계에서 비롯된 고민"이라고 말하는 알프레드 아들러는 모든 사람에게 좋은 사람이길 원하는 사람은 타인의 눈치를 볼 수밖에 없는 고로, 타인에게 '미움받을 용기'를 가져야만 비로소 자유로워지고 행복해진다고 주장합니다.

특히 그는 많은 현대인들이 마음의 상처가 현재의 불행을 일으킨다는 생각에 지배받는 프로이트의 원인론을 정면으로 부정하면서 "우리는 경험을 통해서 받은 충격으로 고통 받는 것이 아니라, 경험 안에서 목적에 맞는 수단을 찾아내기 때문"이라고 역설합니다.

또한 인간관계에 있어서 '이 사람은 내게 무엇을 해줄까?'보다 '내가 이 사람에게 무엇을 줄 수 있을까?'를 생각하면 공동체에 적극적으로 공헌하게 되고, '자신이 공동체에 유익한 존재'라는 자신의 가치를 실감하게 된다는 것입니다.

평강의 왕이신 예수님으로 인하여 우리가 미움을 받을 수도 있겠지만 나중까지 견디는 자는 구원을 얻는 만큼, 거룩한 공동체인 교회는 하나님의 형상을 회복해 가야 합니다.

체험
16

요나금식기도제단은 대구 도심에 생긴 기도원인 셈이었다. 성령께서 주시는 말씀은 날선 검이 되어 원근 각지에서 온 성도들의 심령을 쪼개고 파고들었다. 성령께서 전하고픈 말씀이 내 입술을 통해 선포되고 은혜를 입은 성도들에게 변화와 영적 각성이 있게 만들었다.

여기에 난치병이 낫는 역사들이 이어졌고 성도들 뿐 아니라 목사님들도 찾아오게 되었다. 처음엔 성도들이 이곳에서 은혜를 받고 치유를 경험했다니 좀 이상한 곳이 아닌가 우려하며 확인 차 찾아오기도 했다. 그런데 내가 정규 신학교에서 공부하고 나를 돕는 사위도 공군 정훈장교 출신에 침례신학교에서 공부했다니 안심을 했다.

"기도제단이 교회와 다른 점은 교회가 영적병원이라면 기도제단은 응급실 같은 곳입니다. 급하게 하나님께 부르짖고 응답받을 때 기도로 부르짖는 이런 곳이 꼭 필요합니다. 예루살렘성전에서 드려지는 엄숙한 경배와 갈멜산상의 애끓는 기도가 다른 것과 같습니다."

나의 이 말에 목사님들이 격려해 주시고 성도들까지 보내주시기도 했다. 나는 이 대구 요나금식기도제단에서 만 6년간 하루도 쉬지 않고 집회를 인도했다. 지금 생각해도 대단한 지구력이라고 생각된다. 하나님께서 힘과 능력을 주셨기에 가능한 일이었다.

메시지 확실한 증인
사도행전 2:22-36

오순절에 예루살렘을 찾아온 많은 사람들은 뜻밖의 일을 경험했지요. 마가 요한의 다락방에서 기도하던 무리들이 배운 적도 없는 다른 나라의 말을 유창하게 하게 된 것입니다. 이것을 보고서 경이로움에 놀라는가 하면, 오히려 '새 술에 취했다'면서 조롱하는 사람들도 있었습니다. 베드로는 하나님의 말씀에 비추어서, 이런 현상이 나타난 일에 대하여 명확하게 밝혀줍니다.

첫째, 누구든지 성령의 충만함을 받아야 베드로처럼 확실한 증인이 될 수 있습니다.
이스라엘 백성들 앞에 선 베드로는 실로 대담한 발언을 했지요. 예수 그리스도의 죽으심은 우연히 되어 진 것이 아니고, 하나님의 계획에 따라 이루어진 것이라고 말합니다. 더욱이 놀라운 것은 하나님께서 나사렛 예수를 죽은 자 가운데서 다시 살리셨다고 선포했습니다. 이것은 하나님께서 인간들에게 살 수 있는 길을 열어주셨다는 말이지요. 그러니 예수를 죽인 자들로서 지금 성령으로 충만한 자신들이 술주정을 한다며 혹평할 것이 아니라, 이제 사망에서 살아나신 주님을 만나서 죄 용서를 받으라고 증거했던 것입니다.

둘째, 베드로는 예수님의 부활에 대한 확실한 증인이 되었습니다.
베드로의 계속된 설교는 요엘서의 예언처럼 성령이 오신 것과 예수가 죽었다가 살아난 것이 무슨 연관이 있는지를 설명해 줍니다. 베드로는 성부 하나님 외에 또 다른 하나님이 계신 것을 경험한 조상 중에 구약시대의 다윗을 거론했지요. 다윗은 바로 이분이 아들이신 성자 하나님이라는 사실과 그가 자신의 모든 것을 다 바쳐서 사랑하시고 용납하실 것을 알고 있었습니다. 궁극적으로 하나님께서는 인간의 근본적인 문제였던 죄 사함을 위하여 아들의 죽음을 제사로 받으셨고, 베드로는 다윗의 예언대로 성취된 예수님의 부활과 승천을 직접 목격한 증인이 된 것입니다.

셋째, 베드로는 예수 그리스도의 현재 위치에 대해 확실한 증인이 되었습니다. 장차 예수 그리스도는 반드시 원수들을 그 발로 밟으실 분이지요. 그 원수는 하나님을 믿지 않고 마귀의 유혹에 빠져서 자기 정욕대로 사는 사람들을 말합니다. 그때까지 주님은 하나님의 우편에 앉아계시면서 우리에게 성령을 부어주시고, 우리로 하여금 하나님의 진리로 사단의 악한 권세를 이기게 하십니다. 이때 우리가 해야 할 일은 오직 하나님의 말씀과 성령의 힘으로 모든 사단의 세력을 물리치고, 그리스도의 통치를 이루는 것입니다. 이제 베드로의 표현대로 하나님께서 주와 그리스도가 되게 하신 예수님은 이 세상에 오시기 전에도 하나님이셨지만, 그가 오셔서 죽으심으로 진정한 심판의 주와 우리를 구원하시는 주가 되신 것이지요.

그러므로 우리는 주와 그리스도가 되신 예수님으로 인하여 기뻐하고 즐거워 할 수 있어야 합니다. 아울러 진리의 말씀과 성령의 부으심을 다른 어떤 것보다 더 사모해야 할 것입니다.

17 전환이 필요합니까?

　교육부장관과 교육감 등 교육정책 분야의 수장을 역임한 인물로서 현재의 행복을 유예한 채 아이에게 학업 성적만 강요하는 한국의 교육 문제와 대안을 제시한 〈문용린의 행복교육〉은 아이의 미래를 결정짓는 새로운 교육 패러다임의 전환을 촉구합니다.
　"아이에게 미래의 즐거움을 위해 현재의 즐거움을 포기하게 하지 말고, 현재의 즐거움을 스스로 찾을 수 있도록 해줘야 한다"는 저자는 부모와 교사들에게 '미래의 행복을 위해 성공을 추구하는 교육'이 아닌 '현재의 행복을 체득하여 성공을 불러오는 교육'을 실천해야 한다고 주장합니다.
　모든 아이에게는 '땅속에 묻혀 있는 금맥처럼 숨은 재능'이 있는데 "곡괭이로 금맥을 캐듯 적절한 자극이 주어진다면 미처 발현되지 못한 아이 안의 숨은 재능이 모습을 드러낼 것"이라고 그는 말합니다. 그 적절한 자극이란 '원하는 것을 잘 하도록' 하는 경험이며 아이가 가진 끼를 찾아 그것이 꿈으로 이어지도록 도와주는 것이 바로 교육의 몫이라는 것입니다.
　'한 아이를 키우려면 온 마을이 필요하다'는 인디언 속담을 인용하면서 그는 그만큼 자라나는 아이들에게 꿈과 희망을 주려면 공동체적 관심과 정성이 필요하다는 것을 강조합니다.
　막막할 때 뒤집어 놓으면 희망의 뜻으로 바뀌는 단어, '자살'은 '살자', '역경'은 '경력', '내 힘들다'는 '다들 힘내'처럼 예수 그리스도를 죽게 만든 십자가는 인간을 다시 살리는 구원의 상징이 됩니다.

체험
17

 이곳에서 많은 일이 일어났다. 오랜 불치병으로 고생하던 성도가 기도하다 깨끗함을 입었다고 여호와를 찬양하며 간증하는 일이 부지기수였다. 아기가 안 생겨 애타하던 부부가 기도로 쌍둥이를 임산하기도 하고 몸도 가누지 못할 정도로 심한 류마티스 관절염을 앓던 환자도 기도로 치유받는 일도 있었다.
 한번은 대구 근교 달성군의 한 산을 찾았다가 너무나 아름다운 풍경에 반해 감탄사를 연발했다. 큰 호수를 병풍처럼 둘러싼 산의 모습이 한 폭의 수채화 같았던 것이다.
 이곳을 기도원 부지로 매입하고픈 열망이 가득했지만 금전적 여유가 없었다. 5,000평을 사려고 하니 1989년 당시로선 큰 금액인 1억 5,000만원이 필요했다. 나는 믿음으로 계약서를 썼고 3개월 안에 잔금을 다 치르기로 했다. 계약금은 내가 가진 전부로 20%를 치렀다.
 나는 오직 기도로 잔금을 마련케 해달라고 하나님께 매달렸다. 밤낮으로 부르짖고 부르짖었지만 응답이 없었다. 자칫 계약금만 떼일 판이었다. 이 무렵 일본 구마모토기도원에서 집회인도 요청이 들어왔다.

메시지 성령에 붙들린 자들

사도행전 2:14-36

오순절 날에 나타난 성령의 강림 사건은 많은 사람들을 어리둥절하게 만들었지요. 이에 대해 베드로는 지금 일어나고 있는 이 일의 의미와 이것을 목격한 모든 사람들의 현재 상태를 진단해 주면서 그들이 해야 할 것이 무엇인지를 가르쳐 줍니다.

첫째, 우리가 성령에 붙들릴 때 자신에게 나타난 현상을 제대로 알게 됩니다.

베드로와 다른 제자들은 세상의 눈으로 볼 때 말을 잘 하는 자들이 아니었지요. 이들은 다른 사람들이 자신들에게 술 취했다거나 미쳤다고 비방해도 반박할 만한 능력이 없었던 자들입니다. 그런데 급하고 강한 바람 소리와 불의 혀같이 갈라지는 모습으로 성령이 그들에게 임했습니다. 그러면서 어느 한 순간, 다른 사람들 앞에서 말을 하지 않으면 도저히 견딜 수 없는 뜨거운 감동이 솟구쳐 올랐던 것입니다. 이것이 바로 그리스도인 된 증거 중의 하나입니다. 그래서 베드로는 사람들을 향하여 지금 우리 눈앞에 벌어지고 있는 현상은 오래전 요엘 선지자가 예언했던 그 엄청난 일들이 성취된 것이라고 선포했습니다.

둘째, 우리가 성령에 붙들릴 때 육체에 성령이 부어집니다.

우리의 육체에 하나님의 신이 부어지면 너무나도 큰 은혜와 행복함으로 기뻐할 것이고, 미친 것처럼 보일 수도 있겠지요. 이것은 우리가 지금까지 전혀 경험하지 못했던 기쁨과 능력과 은혜가 우리 안에서 샘솟기 때문입니다. 요엘 선지자가 말했던 성령이 부어질 때 사람들에게 나타날 '예언'과 '환상'과 '꿈'은 모두 하나님의 말씀에 대한 다른 표현들입니다. 하나님의 신이 우리 안에 부어지면 무엇보다 하나님의 말씀이 모든 믿는 자들에게 폭발적으로 열리게 됩니다. 우리 인간에게 하나님의 말씀이 환하게 깨달아지는 것만큼 크고 놀라운 기적도 없을 것입니다.

셋째, 성령에 붙들릴 때 하나님의 말씀이 진행되는 것을 깨닫게 됩니다.

하나님을 믿고는 있지만, 빚을 갚지 못해서 비참한 노예 생활을 하고 있는 종들에게 무슨 희망이 있을까요? 그런데 그들에게 성령의 역사가 부어진다고 하는 것은 단순한 축복이 아니라 전 인류에게 나타날 새로운 시대의 증표입니다. 바로 이때, 징조로써 나타날 피와 불과 연기는 하나님께서 이스라엘 백성들을 애굽의 종살이에서 인도하시려고 사용하셨던 기적들을 말합니다. 그러니까 이렇게 고통당하던 남종과 여종에게 성령이 임하시는 것은 제2의 출애굽 시기인 것입니다. 이것은 하나님께서 모든 주의 택하신 백성들을 마귀의 속박에서 해방시켜서, 위대한 하나님의 백성들이 되게 하시는 순간을 말합니다.

이때 온 세상을 통치하는 사단이나 모든 권력자들의 지배와 권력이 흔들리게 되고, 놀라운 기적이 일어납니다. 우리가 하나님의 구원의 능력을 선포할 때 해가 어두워지고 달이 시커멓게 변할 것이며, 누구든지 예수님의 이름을 부르는 자는 구원을 받게 될 것입니다.

18 정말 헛된 것입니까?

　자신의 작품이 중학교 교과서에 실린 것을 계기로 전성태 작가가 강의를 하러 학교를 찾았을 때 소설만 읽은 학생들은 작고한 문인이 살아온 것처럼 크게 놀라더라는 에피소드가 있습니다. 그의 세 번째 소설집 〈두번의 자화상〉에서는 자전적 요소가 담긴 부모 세대의 치매를 다룹니다.

　사회를 향해 목소리를 내던 작가가 치매를 앓던 어머니의 별세를 계기로 삶이 주제로 변한 것에 대해 그는 "작품에서 작가의 삶이 배제된다면 그건 정직하지 않은 것"이라고 단언하면서 이를 "문학으로 호흡하는 것"이라 말합니다.

　치매로 앓던 장인을 떠나보낸 지 얼마 안 된 단란한 가족 이야기 '소풍'에는 나뭇가지에 지폐뭉치를 숨겨놓았던 장모가 다시 기억해내지 못하여 울상을 하고 있을 때 딸은 혼 빠진 노인을 다그치다 주저앉고 맙니다. 하지만 "괜찮아요, 장모님. 아무 문제없어요." 하면서 위로하는 사위의 모습에 가슴이 뭉클해집니다. 12편의 소설집은 치매에 걸려 점차 기억을 잃어가는 어머니를 돌보는 '이야기를 돌려드리다'로 마감합니다.

　자전적 경험을 바탕으로 한 쌍을 이루는 두 단편에서 저자는 '기억되지 않는 존재는 무슨 의미를 지니는가?'라는 존재의 근원에 대한 질문을 던집니다.

　인생을 달관한 솔로몬이 발견한 것은 하나님 없는 인생의 헛됨과 새것이 없는 세상입니다. 그러나 성경은 오직 하나님만이 새 일을 행하시며, 영원히 기억될 인생은 바로 그리스도 안에서 새롭게 된 피조물임을 알게 합니다.

체험
18

당시 국방부에서 국제기독장교대회를 준비하던 사위에게 요나제단 집회를 맡기고 일본으로 향했다. 일본에서 하나님의 땅값 응답이 있을지 모른다는 기대가 가득했다.

그러나 일본 전국 성회로 열린 이 집회가 성령의 풍성한 역사로 끝났지만 내 문제의 해결에 있어서는 아무런 응답이 없었다. 실망하던 중 후쿠오카 한인교회를 담임하는 이성주 목사님이 이번 집회에서 큰 은혜를 받았다며 하루만이라도 자신의 교회에서 집회를 인도해 달라고 요청했다.

후쿠오카로 이동해 마음이 답답한 상태에서 강단에 올랐다. 이 시간을 하나님이 예비하셨다는 감동이 오며 성령 충만한 시간이 이어졌다. 설교를 마치자 담임목사님은 나의 대구 기도원 부지 계약사실을 알렸다.

"우리의 고국에 기도처가 이루어지는데 하나님은 오늘 이때에 우리가 하지 않으면 다른 사람의 손으로 하십니다."

이렇게 긴급 광고를 했다. 수요일 예배 시간에 드려진 헌금이 6,000만 원에 가까웠다. 그러자 목사님께서는 다시 말씀하셨다.

"지금 드려진 예물로는 이 에스더 목사님께서 매입하려고 하는 땅값으로는 절대 부족합니다. 그렇다면 나머지는 S장로님께서 책임지시면 어떨까요?"

그 순간 S장로님도 "아멘. 그렇게 하겠습니다"라고 시원하게 말하는 것이었다. 기대하지 않았던 손길을 통해 하루만의 반전으로 대구 기도원 부지 잔금을 치를 수 있었고 나는 좋으신 하나님을 마음껏 찬양했다.

메시지 영적 성장의 유아기-사모함

베드로전서 2:1-2

우리는 모두 하나님의 사랑을 받는 자녀들이지요. 그렇지만 하나님의 사랑과 축복을 받는다고 하면서 전혀 능력 있는 삶을 살지 못하는 이유는 무엇일까요? 베드로 사도는 이런 그리스도인들의 단계별 문제점과 성장을 위한 방안을 제시해 주고 있습니다.

첫째, 유아기는 영적 사모함이 없어서 거칠어진 모습을 드러냅니다.

아무리 예수를 잘 믿어도, 누구든지 신앙의 유아기를 거치게 됩니다. 어린 아기는 극히 제한적인 행동만 합니다. 울다가 먹고, 놀다가 자는 것이 전부라 할 수 있겠지요. 하지만 부모는 이런 어린아이 때문에 좋아하고 기뻐합니다. 마찬가지로, 우리가 영적으로는 어린아이라 아무것도 하지 못해도, 말씀을 잘 먹고 기도하며 자기만 해도 하나님께서는 우리로 인해 기뻐하시고 아름답다 하십니다. 그런데 우리가 하나님의 말씀을 먹지 못하면 인간적인 생각이 들고, 원망과 불평이 생깁니다. 그래서 많은 경우 그리스도인들의 어려움은 하나님의 풍성한 말씀을 듣기만 하면 대부분 다 해결될 수 있는 것들입니다.

둘째, 유아기는 영적 불순물을 구별하지 못하여 신앙의 성장이 비뚤어질 수 있습니다.

이렇게 귀한 하나님의 말씀 속에 불순물을 섞으면 어떻게 될까요? 이상하게도 먹는 만큼 제대로 자라지를 않고, 성령이 주시는 기쁨과 열정이 떨어져 버립니다. 이렇게 되는 가장 큰 원인은 욕심 때문입니다. 하나님의 말씀만으로는 맛이 없어서 거기에 세상적인 내용이나 세련됨을 첨가해야 매력을 느낍니다. 늘 위로와 축복의 말씀만 듣기를 좋아하고, 우리가 짊어져야 할 십자가와 버려야 할 죄악된 습관에 대해 책망 받는 말씀을 회피한다면 결코 이 고난의 시기를 이길 수 없습니다. 그래서 신앙생활은 세상의 변화와 상관없이 신앙의 기초를 튼튼히 해야 바른 성장이 이루어지는 것입니다.

셋째, 영적 유아기 때 순수하고 신령한 젖을 먹는 만큼 자랄 수 있습니다.
여기서 '신령하다'는 것은 이상한 신비주의를 말하는 것이 아닙니다. 이 신령하다는 말에는 물질적인 것과 반대의 의미로 '논리적이고 합리적'이라는 뜻도 포함된 것이지요. 그러므로 우리는 다른 어떤 사상으로 오염되지 않은 순수한 하나님의 말씀을 듣는 것이 너무나도 중요합니다. 그래야 죄를 이길 수 있고, 영적으로 힘을 낼 수 있기 때문입니다. 그래서 베드로 사도는 그런 젖을 '사모하라'고 명령합니다. 이것은 열심을 다하여 찾으라는 말이지요.

이제 말씀을 전하는 자들은 청중들이 원하는 것을 주기보다는 그들을 살릴 수 있는 순전한 하나님의 말씀을 주고자 힘써야 합니다. 그렇게 되면, 영적인 내면이 아주 건강해지기 때문에 웬만한 위기에 부딪쳐도 넘어지지 않고 사도들의 소망처럼 구원에 이르도록 그리스도의 장성한 분량까지 자라게 될 것입니다.

19 스승을 찾습니까?

스포츠전문기자 겸 작가인 미치 앨봄은 대학 졸업 후 16년이 지난 어느 날, TV를 시청하다 스승이 루게릭병으로 사경에 이른 사실을 알게 됩니다.

그분을 '코치'라고 부르곤 했지만 전화로 "모리 교수님, 저 미치 앨봄입니다. 1970년대에 선생님 제자였습니다. 아마 기억 못 하시겠지만요." 하면서 인사를 건네자 "왜 코치라고 안 불러, 이 녀석아?" 하는 소리를 듣고 바로 그 순간부터 미치의 여행이 시작됩니다.

미치는 매주 화요일마다 비행기를 타고 디트로이트에서 1,600km 정도 떨어진 웨스트 뉴턴으로 가서 몇 시간씩 대화를 나누었습니다. 그러면서 힘든 투병 기간을 함께하다 마침내 그의 조용하고 존엄한 임종까지 지켜본 과정을 세상에 전하고 싶었지만 출판사들의 관심은 냉랭했습니다. 그래서 세계적인 베스트셀러인 〈모리 교수와 함께 한 화요일〉은 초라한 부수의 초판으로 시작되었던 것입니다.

모리 교수는 제자에게 "소중한 삶을 낭비하지 않도록 순간을 가치 있게 살아라." "죽음을 배우는 것이 곧 삶을 배우는 것이다." 등의 여러 말을 해 주었습니다. 그중에서도 시한부 인생을 살던 그가 진정으로 주고 싶었던 것은 "죽음은 생명을 끝내지만 사람 사이의 관계까지 끝내는 것은 아니야"라는 영원한 관계의 함축적인 언어였습니다.

세상의 스승은 모두 우리를 떠납니다. 그러나 '길이요 진리요 생명'되시는 예수님은 영원한 생명의 세계까지 인도해 가십니다.

체험 19

대구 요나금식기도제단은 이사야 58장에서 금식의 원리를 발견해 시작됐다.

성경은 "나의 기뻐하는 금식은 흉악의 결박을 풀어주며 멍에의 줄을 끌러주며 압제 당하는 자를 자유케 하며 모든 멍에를 꺾는 것이 아니겠느냐"라고 말씀한다. 금식을 통한 선물을 암시하는 대목이다. 또 금식 후 "네 빛이 아침같이 비칠 것이며 네 치료가 급속할 것이며 네 의가 네 앞에 행하고 여호와의 영광이 네 뒤에 호위하리라"고 말씀해 주고 계신다.

나는 홀사모가 된 뒤 단식하며 기도할 때가 많았다. 이때 체험한 강한 은혜를 바탕으로 에스더와 요나가 3일간 먹지도 마시지도 않고 밤낮으로 부르짖던 3일의 금식을 나의 단식기도법으로 정립했다. 이것은 오늘날 내가 요나3일영성원을 운영하는 핵심 골격이 되어 주었다.

지금도 마찬가지지만 이때부터 나는 1~3일간 단식하며 기도한 후 물과 부드러운 죽으로 3~7일간 단계적 보호식을 하도록 한다. 이곳에서 단식하며 기도하는 분들마다 건강의 회복과 문제해결의 급속한 응답을 경험하게 되면서 요나금식기도제단이 더욱 유명해지게 되었다.

메시지 영적 성장의 청소년기-왕성함

베드로전서 2:1-2

우리의 육체가 성장하듯이 우리의 믿음도 성장해야 주님을 위해서 큰일을 감당할 수 있겠지요. 그래서 영적 청소년기는 주님의 일꾼으로 사용되기 위해, 왕성하게 준비해야하는 시기입니다.

첫째, 영적 청소년의 시기는 하나님이 주시는 큰 비전을 가져야 합니다.
영적 유아기를 벗어난 신앙적인 청소년은 자라나게 되어있지요. 그는 하나님이 주시는 비전을 갖고 하나님의 말씀 안에서 모든 꿈을 꾸게 됩니다. 이것은 지금 당장 어떤 일을 할 수 있는 것은 아니지만, 앞으로 이루어질 인생의 밑그림이 되는 것입니다. 그래서 영적 청소년기에 접어들면서 긴급하게 요구되는 것은 하나님에 대한 뜨거운 체험입니다. 이 시기는 자신의 인생 전반에 걸친 문제를 하나님 앞에서 훈련받아 볼 필요가 있습니다. 만약 그리스도의 사람들이 먹고 사는 것에 매여버리면 결국 돈 때문에 변질될 가능성이 다분하기 때문입니다.

둘째, 영적 청소년의 시기는 하나님이 허락하신 광야의 훈련을 잘 받아야 합니다.
우리 속담에 '젊어서 고생은 사서라도 하라'는 말이 있지요. 이처럼 신앙적인 청소년기는 고생하며 연단 받는 기간임에 틀림없습니다. 마치 모세가 미디안 광야에서 하나님의 훈련을 받았던 것처럼, 우리는 이런 연단을 통해 하나님의 큰 인물로 변하는 것입니다. 그리고 신앙의 청소년기는 훈련을 받는 만큼 대결의 상대를 만나기도 합니다. 공생애를 시작하신 삼십의 예수님 앞에서 물질과 인기와 명예를 가지고 시험했던 것처럼, 사탄은 오늘도 청소년들을 유혹하고 있습니다. 이때 영적인 사람은 오직 믿음으로 일어서야 합니다.

셋째, 영적 청소년의 시기는 하나님의 말씀에 따라 철저하게 순종해야 합니다. 베드로 사도가 "갓난아기들 같이 순전하고 신령한 젖을 사모하라"는 말을 한 것은 결국 '구원에 이르도록 자라게 하기 위해서'라고 했지요. 그래서 현재 자라고 있는 그리스도인은 보면 볼수록 아름다운 것입니다. 하나님의 말씀에 순종하는 신앙적인 청소년들 앞에서 어둠의 영들이 힘을 쓸 수 없습니다. 이런 일은 절대로 그냥 생기는 것이 아니지요. 수없이 많은 시련과 연단의 과정과 광야의 훈련을 거치면서 단련되어집니다. 그러므로 신앙에는 용사가 따로 있을 수 없지요. 아무리 신앙이 뜨겁고 순수했던 사람도 오랫동안 하나님의 말씀을 먹지 못하면 영혼이 병들고, 원망과 불평이 가득하게 됩니다. 그러면 아무 기쁨도 없는 상태에서 억지로 신앙생활을 하다가 넘어져서 다치거나 병들게 되는 것입니다.

우리는 무엇보다, 주님의 말씀에 따라 순종하는 것이 얼마나 아름다운 것인지 알아야 합니다. 그러고서 내가 할 일은 무슨 일을 많이 하는 것이 아니라, 하나님의 말씀을 잘 먹고 그 말씀대로 순종하면서 잘 자라는 것임을 명심해야 합니다.

20 이것이 현실입니까?

　유진 피터슨의 영성이라는 시리즈로 나온 저술의 첫 번째 책 〈현실, 하나님의 세계〉는 예수 그리스도의 삶을 복음으로 함께 풀어내면서 현실을 살아가는 예배의 삶과 삶의 예배를 잘 보여줍니다.
　그는 목사가 된 후 회중석에서 예배 시간에 하품을 하거나 예배에 지장을 주는 사람들에 대한 감정을 가감 없이 적고 있습니다. 매주일 잠에 든 매트 에릭슨, 그는 첫 찬송가 때까지는 그런 대로 잘 견뎠지만 10분 후에는 여지없이 잠이 들었다고 합니다. 불만이 가득한 십대의 레드 벨톤은 부모로부터 멀찍이 떨어진 뒤편 의자에 앉아 만화책을 봤으며, 성가대의 베이스를 맡은 칼 스트로트하임은 주식 시세에 대한 좋은 정보와 항간의 소문을 쪽지에 적어 루터 올슨에게 건네주는 것을 보았습니다.
　그래도 매주일 속기 노트를 가져와 설교자가 말하는 모든 말을 받아 적는 한 여성이 유진 피터슨 목사에게는 유일한 희망이었던 것입니다. '적어도 한 사람은 내게 주목하고 있었구나!' 하면서 스스로 위안을 했는데 나중에 알고 보니 그녀는 이혼 준비를 하고 있었고, 생계를 위해 예배 시간에 속기 기술을 연습하고 있었다는 사실 때문에 실망이 컸습니다.
　현실 속에서 하나님의 세계를 살아갈 때 기독교적 삶에 대한 모든 내용을 다 아는 것이 전부는 아닙니다. 그리스도인으로서 모든 것과 모든 사람을 재정의해주고, 거룩한 하나님과의 참여적 관계 속으로 들어가게 해주는 복음을 깨닫지 못한다면 여전히 세상을 헤매고 있는 것입니다.

체험
20

'홀사모'는 소천한 교역자, 목사의 홀로 남은 아내를 뜻하는 말로 홀사모 선교회란 이름을 지었으며 내가 특허로 등록한 이름이기도 하다. 나 역시 홀사모로 졸지에 아이 넷을 데리고 사택에서 나와 고생했던 생각을 하면 지금도 마음이 아릿하다.

그 때의 아픔을 기억하며 언젠가 홀사모를 돕는 사역을 해야 하겠다고 생각하던 중 드디어 1994년 6월23일 요나기도제단이 있던 대구 달성군 논공읍 노이동에 200평 규모의 홀사모수양관을 개관하게 되었다.

평생을 남편을 위해 기도하고 내조만 하다 어려움을 당한 홀사모를 위해 팔을 걷고 나섰다. 형편이 어려우면 생활비를 주고 매주 화요일 홀사모 사역자 양성과정을 열었다.

홀사모는 남편이 소천하면 사모가 아니라 집안의 가장이자 어머니로 돌아간다. 재산이 없으면 생계가 막막한 경우가 많았다. 또 목사가 소천한 것에 성도들이 왈가왈부 말들을 많이 하는데 이 역시 남겨진 사모에게는 엄청난 상처가 된다. 나는 사모들의 고충을 해결해 주고 자녀들이 장학금을 받아 공부할 수 있도록 최선을 다해 도움을 주었다.

그리고 홀사모 모임을 매월 정기적으로 가지다 1998년 7월14일 서울 양재동 횃불회관에서 홀사모 전진대회 및 위로행사를 열고 공식명칭을 '세계기독교 교역자 홀사모선교회'로 이름을 지었다. 나는 이 사역을 하면서 그 중요성을 알리고 도움을 요청하는 편지를 전국 교회에 보내곤 했는데 외면도 많이 받았지만 수고한다고 격려하며 후원금을 보내주는 목사님도 많았다. 참으로 감사했다.

메시지 영적 성장의 장년기-성숙함

베드로전서 2:2-3

하나님의 거룩한 공동체가 성숙하면 자기보다는 다른 사람을 위해서 일하는 지혜를 얻게 되지요. 이런 지혜는 수많은 시행착오와 다양한 경험을 통해서 만들어집니다. 이것은 그대로 축복이 되고, 먹으면 몸에 이로운 양약이 되는 것입니다.

첫째, 하나님의 인자하심을 맛본 자들이 바로 영적 장년기에 속한 사람입니다.

베드로 사도는 하나님의 인자하심을 마치 먹을 수 있는 음식인 것처럼 말씀하고 있지요. 여기서 우리가 이미 하나님의 인자하심을 충분히 맛보았다고 말씀하고 있는데 도대체 무엇을 먹었다는 것인지 잘 기억하지 못합니다. 그러나 곰곰이 생각해 보면, 우리가 예수 믿고 오늘까지 되어진 일들은 모두 하나님의 인자하심이라고 말할 수 있을 것입니다. 이것은 마치 아기가 경험한 엄마의 사랑과 같은 것이지요. 엄마의 이 사랑은 성인이 된 후에도 중단되지 않습니다. 마찬가지로 하나님은 우리를 예수 믿게 하고서 내팽개치고 돌아보지 않는 분이 아닙니다. 오히려 아기를 낳은 엄마 이상으로 우리를 돌보아 주시고 지켜 주시는 분입니다. 그렇다면 우리는 앞으로 어떻게 살아야 하겠습니까? 철저하게 하나님을 신뢰하고 의지하며 살아야 할 것입니다. 우리 앞에 어떤 어려움이나 시련이 온다 해도 하나님이 다 책임지실 테니까요.

둘째, 다양한 경험을 가진 자들이 바로 영적 장년기에 속한 사람입니다.

우리는 하나님의 말씀만 먹었을 때 '과연 이 세상에서 성공할 수 있을까?' 하는 두려운 마음을 가질 때가 많지요. 우리가 말씀을 먹으면서 다른 사람들과 비교하게 되면 자신은 완전히 낙오자가 될 것 같은 느낌이 들게 됩니다. 그래서 우리에게는 다른 길이 있음을 늘 인식할 필요가 있습니다. 우리는 세상적인 방법으로 절대로 성공하지 못합니다. 우리에게는 바다 속에 난 길이 있고, 광야에서도 살 길이 열립니다. 우리는 그 길로 가야 합니다. 이스라엘 백성들이 하나님의 말씀을 믿고 바다로 갔을 때 그들은 모두 살 수 있었습니다. 또한 그들이 광야길 40년을 걸었어도 발이 부르트지 않았던 것입니다.

셋째, 하나님의 일꾼을 키워내는 자들이 바로 영적 장년기에 속한 사람입니다.
베드로 사도는 "너희가 주의 인자하심을 맛보았으면 그리하라"고 했지요. 이것은 자신의 인생을 주님께 맡기고 끝까지 걸어간 자 중에서 아무도 실패한 사람이 없다는 것입니다. 절대로 그런 일은 일어나지 않습니다. 오히려 그렇게 한 사람들 중에서 역사에 남을 훌륭한 인물이 되지 않은 사람이 있는지 찾아보십시오. 주님은 참으로 신실하신 분입니다. 여기 '인자하다'는 말 속에는 생명을 걸고 사랑하신다는 의미가 들어 있습니다. 하나님은 자신의 생명을 걸고, 우리를 사랑하십니다.

그러기에 하나님의 날개 아래 피하면 망할 수가 없습니다. 그런 인자를 맛본 자라면 너희도 그리하라는 것입니다.

21 우연한 일입니까?

인생의 대부분을 거대한 조직의 리더들과 함께 일을 하면서 보낸 경영 컨설턴트 마셜 골드스미스는 공저 〈준비된 우연〉에서 스승의 조언을 인상적으로 표현하고 있습니다. 그는 미국 캘리포니아대학(UCLA)에서 박사과정을 수학하는 동안 논문 지도교수이자 로스엔젤레스 도시계획위원회 위원장이었던 프레드 케이스 박사로부터 많은 도움을 받았다고 말합니다.

한번은 대부분 부유한 후원자에 대한 정치가들의 편향적 행태와 시 정부의 비효율적인 사례를 논하는 자신에게 날카로운 지적을 해 준 것입니다.

"정치가들이 자기를 반대하는 사람들보다 후원하는 사람들에게 더 신경 쓴다는 걸 이제야 발견한 건가? 내 이발사는 벌써부터 알고 있던 내용인데, 참 안 됐네. 그 정도의 통찰 수준에 박사 학위를 줄 수는 없겠어. 유감이야."

그러면서 케이스 박사는 마셜이 문제를 해결하는 게 아니라 문젯거리가 되고 있다는 사실과 그것은 장차 자신의 고객이 될 사람들을 돕는 게 아님을 깨우쳐 주었습니다. 그의 말대로 진정한 리더는 잘못을 지적할 수 있는 사람이 아닙니다. 누구든 그 정도는 할 수 있으며 진정한 리더는 문제적 상황을 개선할 수 있는 사람입니다.

모세가 하나님의 산 호렙에 이르렀을 때 떨기나무 불꽃 가운데서 나타나신 여호와의 사자를 만난 것은 우연한 일이 아니었습니다. 하나님의 관점으로는 미디안 광야에서 40년 동안 모세가 그 장인 이드로의 양무리를 친 것은 지도자가 될 준비 기간 중 하나였던 것입니다.

체험
21

사역을 하면서 의외로 어려움에 처한 홀사모가 많았다. 도움을 주고자 선교회로 오라고 해도 일부는 차비도 없어 못 온다는 것을 알고는 내가 홀사모를 찾아다니며 기도도 해주고 생활비도 전달하곤 했다. 또 해외교회도 순방하며 홀사모의 어려운 처지를 알리기도 했는데 한동안 해외교회의 후원이 이 사역에 큰 힘이 되어 주었다.

당장 사택을 비우라는 말에 울기만 하던 사모를 찾아 가재도구를 싣고 수양관으로 데려온 경우도 있었다.

홀사모선교회 사역은 단순히 도움을 주는 차원을 넘어 사모들의 잠재됐던 재능을 깨우고 하나님의 일꾼으로 나서는 데 동기부여를 해 주었다는 점에서 의미가 컸다.

무엇보다 '내가 무엇을 할 수 있을까' 낙담해 있던 사모들에게 연수과정을 통해 사역의 길을 열어드린 것은 지금 생각해도 참 잘했고 보람 있는 일이었다. 이 사역은 지금도 이어지고 있다.

메시지 | 예비된 지도자

출애굽기 2:11-14

애굽 땅의 노예였던 히브리인들을 위하여 하나님께서는 한 사람을 준비시키셨지요. 그가 바로 '물에서 건져내었다'라는 뜻의 이름을 가진 모세였습니다. 그 이름에는 '구원'이라는 의미가 들어있고, 그는 실제로 이스라엘 백성들을 애굽에서 건져낸 민족의 지도자가 되었습니다.

첫째, 누구나 하나님의 일을 하기 위해서는 다양한 준비 과정을 거칩니다.
히브리인으로 태어난 모세는 우여곡절 끝에 바로 공주의 양자로 입양되자 애굽인이 되었지요. 그래도 그가 유모로 들어온 어머니로부터 신앙 교육을 받게 된 것은 하나님의 섭리였습니다. 그리고 모세는 애굽 왕국에서 당시 최고로 발달한 문명의 혜택을 받고, 풍부한 세상 지식을 습득하게 됩니다. 하지만 성경에서는 이런 학문적 교육과정을 별로 중요하게 다루지 않습니다. 그것은 하나님 나라에서는 신앙교육이 그만큼 중요하고, 이것이 인생의 근간을 이루기 때문입니다.

둘째, 믿음은 하나님의 일을 하기 위한 가장 결정적인 조건이 됩니다.
애굽 공주에게는 아들이 없었고, 그의 아들로 입양된 모세는 친아들과 똑같은 법적 권리를 갖게 되었지요. 그럼에도 불구하고 청년 모세의 관심은 오히려 히브리 노예들에게로 기울어졌습니다. 이것은 어릴 때 들었던 이야기 속에서 하나님의 약속이 그들에게 있다는 것을 알았기 때문입니다. 이것이 바로 그의 믿음이었고, 하나님의 말씀과 하나님의 약속이 그의 마음을 움직이고 있었던 것입니다. 우리가 진정으로 하나님의 백성이라면, 우리의 관심은 하나님께서 주시는 모든 약속과 하나님의 백성들에 대한 문제에 집중해야 합니다.

셋째, 하나님의 일꾼은 그 백성들이 처한 상태를 보고 돕고자 하는 마음이 일어납니다.

모세는 자기 백성들을 보기 위하여 그들이 고되게 노동하는 현장을 직접 찾아갔지요. 여기서 모세가 형제를 보기 위하여 나갔다고 하는 말은 가까운 친척들만을 의미하는 것이 아니라 히브리인 전체를 의미하는 것입니다. 거기서 모세는 노예 감독관이 한 히브리인을 심하게 때리는 것을 목격했고, 참을 수 없는 분노를 느낀 나머지 그 노예 감독관을 죽여서 모래에 파묻었습니다. 그런데 이튿날에는 히브리인들끼리 싸우는 것에 개입했다가 모세가 사람을 죽인 사실로 위협하면서 자기도 죽이려 한다고 대드는 상상 밖의 일을 당합니다. 이것은 한 사람의 사건이었지만, 이스라엘 전체의 영적인 상태를 보여 주는 것입니다. 모세가 전혀 예상치 못했던 것은, 바른 일에도 정직한 마음으로 반응하지 못하는 이스라엘 백성들의 반항심을 발견한 것이었지요. 그들은 다른 노예 민족들과 조금도 다를 바가 없는 노예 상태 그대로였습니다.

그러므로 오늘날 모든 사람들의 진정한 고통은 단지 힘든 일 때문이 아니라, 진리로 길들여지지 않은 데 문제가 있다는 것을 깨달아야 합니다.

22 무얼 원하십니까?

　헬렌 리드 선교사가 쓴 〈하나님, 무엇을 원하십니까?〉라는 책은 유대인 가정에서 태어나 예수 그리스를 구세주로 영접한 내용의 자서전입니다.
　어린 시절부터 예수는 메시아가 아니라는 유대식 교육을 받고 자란 그녀에게 잘츠부르크 여행 중 만난 미국인 여성 패티와 캐롤이 전한 성경말씀을 듣게 되었고, 패티가 빌려 준 책 〈살도록 선택된 자〉를 보면서 2차 대전 중 유대인 학살 시 피신처에서 숨어 있는 동안 예수님을 메시아로 영접한 과정을 읽게 됩니다. 그러면서 예수님을 자신의 메시아요 하나님으로 영접하는 자유함을 얻었습니다.
　유대인을 각별히 아끼던 영국인 더그 목사의 청혼을 받았을 때 유대인이 아닌 데다 이혼한 경력까지 있어 외면하다가, 말씀으로 역사하신 하나님의 응답을 깨닫고 그와 결혼하게 됩니다. 그 후 21년 간 유럽 전역과 미국, 이스라엘, 홍콩 등을 종횡하며 예수님을 알리기 위한 감동적인 삶이 계속됩니다.
　그녀는 항상 하나님께 무엇을 원하시는지를 물었고, 어린 아이처럼 순종하는 그녀에게 주님은 언제나 신실하게 응답하셨습니다. 예수님을 메시아로 인정하면서 더더욱 '유대인'이 된 느낌이 들었다는 그녀는 "내가 유대인임이 감사했고 예수님을 구세주로 영접함으로써 완벽한 유대인이 된 느낌을 갖게 되었다"고 말합니다.
　"난 아직도 메시아를 기다리고 있는 유대인이 아니라 메시아를 찾은 유대인이 된 것이다"라는 그녀의 고백은 확신에 찬 증인의 모습입니다.

체험
22

성경에 다니엘의 세 친구를 화마 속에서 지켜주신 하나님의 기적이야기가 나온다. 그런데 우리 기도원도 이런 기적을 체험하는 일이 있었다. 1999년 3월22일이었다.

밤에 보일러에 불이 깜박거려 관리집사에게 잘 챙겨보라고 했는데 새벽 6시경 지나가던 차가 수양관 근처 산에서 불길이 치솟는 것을 발견하고 우리를 깨웠다. 밖으로 나오니 화마가 수양관 주변을 뒤덮고 있었다. 얼마나 놀랐는지 '오, 주여!'라는 외마디 소리와 함께 기도원을 지켜달라는 기도밖에 내가 할 수 있는 것이 없었다. 119로 신고를 해야 하는데 손이 떨려 번호가 눌러지지 않았다.

그런데 놀라운 일이 일어났다. 어디선가 웽웽대는 소방차 소리가 나면서 순식간에 불길이 잡혔다. 화재를 수습한 소방대원들은 잔 불씨도 살아나지 못하도록 완벽하게 마무리했다.

소방대원들이 불을 끈 후 내게 이런 말을 들려주었다.

"불길의 최종 상태로 보아 적어도 서너 시간 동안 불이 번진 것으로 추정됩니다. 그런데 산불로 좀처럼 볼 수 없는 현상입니다. 새벽 내내 불이 났는데 마치 4시간 동안 자연현상을 정지시킨 것 같은 일이 일어났습니다."

메시지 광야의 인생수업

출애굽기 2:15-25

모세가 애굽인 노예 감독관을 살해했다는 소식은 금방 바로의 귀에 들어가게 되었지요. 그래서 바로는 모세를 죽이고자 그를 잡으라는 명령을 내렸고, 모세는 바로의 낯을 피하여 이미 미디안 땅으로 도망친 상태였습니다.

첫째, 광야는 사람을 피하기 위해서 가는 곳입니다.
자기 동족한테 거부당한 모세는 무작정 도망칠 수밖에 없었지요. 그러나 아직도 정의의 열정이 남아있던 모세는 미디안의 어느 우물가에서 양들에게 물을 먹이던 여인들이 다른 목동들에게 괴로움 당하는 현장을 목격합니다. 이때 모세는 자기도 모르게 어려움에 처한 자들을 돕고자 또 나섭니다. 그리고 그들이 무사히 양들에게 물을 먹일 수 있게 도와주었지요. 여기서 지도자의 성품은 천성적으로 타고나는 면이 있다는 것을 보게 됩니다. 사람을 피해 도망친 광야에서 도움을 줄 수 있는 여건이 조성된 것은 결코 우연한 일이 아니었습니다.

둘째, 원래 광야는 사람의 도움을 전혀 받을 수 없는 곳입니다.
광야는 하나님의 도우심 없이는 하루도 살 수 없는 곳이지요. 그런데 도망자로서 미디안의 제사장 딸들을 도울 수 있었던 것은 예비 된 축복의 징조였습니다. 집으로 돌아온 딸들로부터 어느 애굽인의 도움을 받았다는 이야기를 듣게 된 아버지 르우엘은 그녀들만 집에 온 것을 책망하면서 모세를 초청합니다. 모세가 그 곳에 거하기를 좋아하자, 르우엘은 자신의 큰딸인 십보라를 그에게 아내로 주었지요. 이것은 그 집에 계속 있으면서 노동을 제공하겠다는 계약의 의미도 들어 있는 것입니다. 모세가 아들의 이름을 '객' 이라는 뜻으로 '게르솜' 이라 지었는데, 어디까지나 그가 돌아가야 할 고향은 자기가 거부당한 이스라엘 백성들이 있는 곳이라는 말입니다.

그런데 왜 하나님께서는 모세에게 40년이란 긴 세월을 이 광야에서 머물게 하셨을까요? 그것은 모세가 자기 힘이 아니라 전적으로 하나님의 힘으로 일할 수 있는 때를 기다려야 했기 때문입니다.

셋째, 광야는 하나님 앞에 선 자신의 모습을 바라볼 수 있는 곳입니다.

미디안 광야는 너무나도 적막하고 외로운 곳이었지요. 지금까지 사람들에게 에워싸여서 지냈던 모세로서는 자신에 대한 잘못된 이해로 가득했습니다. 결국 자기 힘으로 동족을 돕겠다고 나선 것이 화근이 되어 도망자의 위치로 전락하게 됩니다. 그런데 지금 모세는 자기와 이해관계라고는 전혀 없는 광야에서 드디어 하나님 앞에 선 자신의 모습을 적나라하게 보게 된 것입니다. 그때 그는 철저하게 자신이 보잘것없는 하찮은 존재라는 사실을 발견할 수 있었지요.

결국 이 광야의 인생수업은 모난 모세를 다듬어 온유한 사람으로 변화시켰고, 40년 동안 참으면서 받은 훈련으로 거칠어진 이스라엘 백성들을 이끌 수 있는 위대한 지도자가 된 것입니다.

23 함께 가시렵니까?

　시적인 제목을 지닌 책 김영식의 〈그와 나 사이를 걷다〉에는 6·25전쟁이 일어나자 육군 소속 종군작가단에 참여했던 박인환 시인, 어린이날을 제정한 방정환 선생, 독립운동가인 도산 안창호 선생 등 망우리 공원에 잠든 마흔 명의 무덤과 비문에서 시작되는 경건하고 흥미로운 이야기가 실려 있습니다.
　저자는 어쩔 수 없었던 시대적 상황과 서럽고 아픈 시절에 우리 대한의 자존심과 문화를 지켜내려고 한 사람들의 열망을 빼곡히 담아냅니다. 일제 탄압 속에서 미래의 희망인 어린이를 존중하고 동화뿐 아니라 그림대회, 동요운동을 벌였던 일과 가난한 사람이 생겨나지 않도록 개업의를 거부한 의사의 이야기도 담았습니다.
　그중에 도산 안창호 선생은 자기가 아끼는 제자 유상규가 있는 공동묘지에 묻어 달라고 했다는 대목에서는 눈동자가 정지되는 듯합니다. 유언에 따라 안 선생의 시신은 망우리공원에 묻혔지만 1973년 도산공원으로 이장하게 되고, 망우리에는 안 선생의 묘지석만 남습니다. 1990년 사후 훈장을 받은 유 선생의 묘를 국립묘지로 옮겨야 함에도 유 선생의 후손이 둘의 마음을 헤아려 망우리에서 이관하지 않고 있다는 것입니다. 스승과 제자 사이의 존경과 사랑이 얼마나 컸던지 감복하게 되고 후손의 헤아림에 숙연함을 느낍니다.
　창세기는 영광의 창조로 시작하여 인생의 죽음으로 끝나는 듯하다가 다시 한 줄기 소망의 빛으로 이어집니다. 그것은 요셉이 하나님의 권고하심(심방)에 대한 믿음과 먼 훗날 출애굽 때 자신의 해골을 메고 가도록 맹세케 하는 믿음의 유언 때문입니다.

체험
23

　바람 한 점 없는 새벽이었기에 불이 산 위로 세차게 타오르지 못하였고, 게다가 1m도 채 안 되는 보일러 연료통에 불길이 닿지 않아 큰 화를 면할 수 있었다. 그리고 나도 모르게 소방서로 연락해준 분이 있었다.
　소나무 숲으로 울창한 곳인지라 삽시간에 온통 불바다로 만들어 버릴 수 있었지만 풍랑을 잔잔케 하시는 하나님은 우리가 자고 있을 때 바람을 잔잔케 하셨고, 다른 손길을 통하여 문제를 처리해 주고 계셨던 것이다.
　하루는 학창시절부터 사랑으로 길러주신 임영재 목사님께서 불러주셔서 시무하시던 독립문성결교회 금요철야예배를 인도하게 되었다. 시간적 여유를 가지고 당회장실에 도착했는데 갑자기 예배 전에 만나 볼 사람이 있다고 말씀하셨다.
　잠시 후 들어오는 사람은 50대의 여성도였다. 임 집사라고 소개를 하는 그분은 위암 말기의 중환자였다. 너무나 고통스러워 예배시간에 참석할 수가 없어서 기도를 부탁한다는 것이었다. 나는 그 자리에서 그녀를 위해 간절히 기도를 해준 뒤 가능하면 대구로 내려와 단식하며 함께 기도하기를 권했다.
　철야집회 후 한밤에 고속도로를 질주해 대구로 내려왔다. 피곤한 몸이었지만 잠시 잠을 취한 다음 아침집회를 인도하기 위해 제단에 나갔다. 그런데 놀랍게도 어제 밤에 만나 기도해 주었던 임 집사의 모습이 보였다. 생과 사를 넘는 마지막 선택이었던 탓인지 나보다 먼저 내려와 단식하며 기다리고 있었던 것이다.

메시지 | 요단강의 새 역사

마태복음 3:13-17

요단강에서 설교를 하고 세례(침례)를 주던 요한에게 엄청난 일이 벌어졌지요. 어느 날 예수님께서 그에게 세례(침례)를 받으러 오신 것입니다. 사실 요한은 예수님에 대한 명확한 지식을 가진 것은 아니었지만 우선 가까운 친척으로서 예수님의 탄생 이야기를 들었고, 하나님이 주신 깨달음으로 자기가 증거해야 할 분으로 인식하고 있었습니다. 그런데 이분이 자기 앞에 와서 세례(침례)를 받겠다고 하니 당황할 수밖에 없었겠지요.

첫째, 예수님은 자신이 받는 세례(침례)를 하나님의 모든 의를 이루는 것과 연결시켰습니다.

주님께서 요한의 세례(침례)를 받고자 하신 것은 다른 사람들과는 근본적인 차이가 있지요. 예수님은 요한의 설교를 듣고 마음이 찔려서 회개해야 할 필요가 없습니다. 예수님은 '하나님의 의'를 이루기 위해서 이 땅에 오신 분입니다. 만약 불의를 용납하지 않는 하나님의 의를 드러내려면 조금이라도 죄를 지은 자는 다 죽어야 할 것입니다. 그런데 예수님은 죄인들을 용서하시고 말씀대로 살게 하셔서 우리를 창조하신 하나님의 뜻이 이루어지게 하십니다. 결국 여기서 말하는 '모든 의'는 '그리스도를 통한 모든 하나님의 구원 계획'이라 할 것입니다. 따라서 예수님께서 세례(침례)를 받으신 것은 우리의 모든 죄를 책임지시는 속죄 사역의 시작을 의미합니다.

둘째, 예수님은 세례(침례)를 받으신 후 성령이 비둘기 같이 자기 위에 임하심을 보았습니다.

죄 없는 하나님의 아들이 죄인의 대표로 세례(침례)를 받으신 것은 대제사장의 사명이 시작된 것을 알리는 일종의 대관식인 셈이지요. 이제부터 그가 하는 일은 개인적인 일이 아니고, 죄인의 죄를 속하는 공적인 일이며 구원을 일으키는 행위임을 선포하는 것입니다. 또한 물로 세례(침례)를 받으신 예수님을 위해 하나님께서는 성령을 부으심으로 그가 사람들에게 성령으로 세례(침례)를 주실 자임을 증거해 주셨습니다. 예수님 위에 임하신 성령은 자신을 온전히 하나님께 드리게 하며 전적으로 하나님께 복종하도록 돕는 분입니다. 그리스도는 이미 하나님의 모든 신성으로 충만한 분이시지만, 이 땅에서 더욱더 자신의 의지가 아닌 성령의 의지에 붙들린 바 되어, 자신의 사명에 충실하도록 하신 것입니다. 성령이 비둘기 같이 임하셨다고 하는 것은 하나님께로부터 우리에게 오신 성령님은 우리 안에 계속 거하심과 동시에 죄로 인하여 억눌려 있던 이 세상에 구원의 새로운 시대가 도래한 것을 알리는 표시입니다.

셋째, 하나님께서 직접 예수님의 신분을 밝혀주신 하늘의 소리가 들렸습니다.
하나님께서는 예수님을 향하여 "이는 내 사랑하는 아들이요, 내 기뻐하는 아들이라"고 분명히 말씀해 주셨지요. 하나님께서는 세례(침례)를 받고 물위로 올라오신 예수님 위에 성령을 부으심으로써 이 세상에서 하나님의 영광을 체험케 하셨고, 하늘의 소리로 그가 아들임을 확인시켜 주셨습니다. 예수님이 하나님의 아들이시기에 우리에게 성령을 주실 수 있고, 성령이 우리 마음 가운데 오시지 않으면 우리의 본성이 변할 수 없겠지요. 그리고 본성이 변하지 않으면 우리는 결코 하나님의 뜻에 순종할 수 없습니다.

이제 구원의 시대가 도래하여 예수 그리스도의 이름을 부르는 자에게는 하나님의 성령이 임하시고, 죄악된 세상에서 하나님의 의를 이루어드리는 삶을 살도록 도와주십니다.

24 왜 말이 없습니까?

　36세에 110권의 책을 펴내 기네스북에 등재된 김태광 작가의 〈1%에서 행복 만들기〉라는 책에 소개된 일화입니다.
　100년 전, 기차에 올라탄 한 프랑스 대학생이 농민처럼 보이는 노인의 옆자리에 앉게 되었습니다. 그 노인은 신앙이 있었던지 손에 뭔가를 들고 기도문을 중얼거립니다.
　학생이 말을 건네면서 "선생님, 이런 시대에 이렇게 뒤떨어진 물건을 믿습니까?" 노인이 대답합니다. "그렇습니다. 저는 믿는데 당신이 믿지 않습니까?" 학생이 웃으며 "저는 이런 우매한 것을 믿지 않습니다. 제 건의를 듣고 그런 것을 던져 버리세요. 과학적으로 해석해드리죠."
　이에 노인이 "과학이요? 저는 과학을 잘 모르는데 당신이 나에게 해석해주면 좋겠군요." 그러자 학생은 자신만만하다는 듯이 이것은 한두 마디 말로 할 수 있는 것이 아니므로 주소를 남겨 주면 책을 보내드릴 테니 스스로 보라고 말합니다.
　노인이 옷 속에서 명함 한 장을 꺼내 학생에게 주는 순간 그의 얼굴이 빨개지고 입은 얼어붙고 맙니다. 이 학생이 만난 사람은 박테리아를 연구해 광견병, 디프테리아, 탄저병 등 백신을 발달시킨 한 시대 최고의 과학자요 화학자이자 '미생물학의 아버지'로 칭송받는 파리 과학연구원 원장 루이 파스퇴르였습니다.
　십자가의 도가 하나님의 능력임을 알았던 파스퇴르는 임종 시에도 겸허하게 한 손은 아내의 손을 붙잡고, 한 손에는 예수 그리스도의 십자가를 꼭 쥔 채 세상을 떠났다고 합니다.

체험
24

하나님께서 그녀의 간절한 기도를 들으시고 기적을 보여주실 것을 믿으며 집회시간이나 한밤의 기도시간에 강청하는 기도를 함께 했다. 어려운 상태였지만 3일의 단식을 잘 마치고 보호식에 들어갔다.

이미 나는 남편 목사님이 위암으로 운명하는 것을 보았기 때문에 더욱 안타까운 심정으로 기도했다. 더구나 위암은 먹지 않는 순간부터 회복되기 어렵다는 것을 잘 알고 있었기에 항상 그의 먹는 것에 신경을 곤두세우고 있었다.

하나님의 기적은 보호식을 하는 가운데 일어났다. 물과 미음을 주는 대로 잘 받아 넘기는 것이었다. 이것은 위에서 거부하지 않음을 암시하는 것이어서 너무나 기뻤다. 임 집사의 병세는 호전되어 강단 앞으로 나아와 찬양을 하기도 하고 간증하면서 눈물로 영광을 돌렸다.

서울로 돌아가 담임목사님께 간증하니 함께 기뻐하며 하나님께 영광을 돌렸고 전화로 감사와 격려의 말씀을 전해 주셨다. 하나님은 어디서나 살아계시고 역사하시는 분이셨다.

메시지 성령이 이끄신 광야

마태복음 4:1-2

예수님께서 이 땅에 오신 것은 오직 하나님의 모든 의를 이루는 것이었지요. 그래서 요한에게 세례(침례)를 받으셨고, 그때 하나님이 부으신 성령이 자기 위에 임하신 것을 보셨지요. 그리고 그가 하나님의 아들임을 선포하신 하늘의 소리는 이 땅을 하나님의 영광으로 가득하게 했습니다. 이제 성령으로 충만하신 예수님은 온전히 성령의 인도하심에 따라 순종하십니다.

첫째, 예수님은 성령의 이끄심에 따라 광야로 가셨습니다.
예수님께서는 요한에게 세례(침례)를 받으시고 물에서 올라오실 때 성령의 충만함을 입으셨지요. 주님께서 요한에게 세례(침례)를 받으셨다는 것은 자신을 죄인의 대표로 인정하는 것입니다. 하나님께서는 세례(침례)를 받고 물에서 올라오는 아들에게 성령을 부어주셨고, 그가 장차 성령으로 세례(침례)를 주실 분임을 나타내셨습니다. 성령으로 충만해지면 다른 사람들에게 방해받지 않는 조용한 곳에 가서 하나님과 계속적인 영광의 교제를 가지고 싶어합니다. 그래서 우리의 마음이 성령으로 충만해질 때 우리는 이 세상에서 하늘의 영광을 체험하게 됩니다. 성령께서 광야로 이끌어 가시는데도 예수님은 어떤 두려움이나 불편함이 없었고 최상으로 고조된 기쁨의 상태에서 성령의 인도하심을 받으신 것입니다.

둘째, 예수님은 광야에서 성령으로 충만한 가운데 40일을 금식하며 지내셨습니다.
우리의 욕심은 먹는 것에서부터 시작되지요. 우리는 먹고 사는 문제로 온종일

수고하는 것을 마다하지 않습니다. 이 세상에는 먹기 위해 사는 사람과 살기 위해 먹는 사람으로 나누어집니다. 마음의 여유가 있는 사람은 먹기 위해 살면서 약간의 행복도 발견합니다. 그런데 마음의 여유가 전혀 없거나 생명이 긴박한 경우, 우리는 오로지 살기 위해 먹게 됩니다. 모든 동물들은 살기 위해 먹는 본성을 가지고 있지요. 그래서 동물의 세계는 먹이사슬 구조로 이루어진 것을 볼 수 있습니다. 이들에게는 내일이 있을 수 없고, 하루하루 생존을 위한 전쟁을 치르며 살아가는 것이지요. 그런데 우리 예수님은 연약한 육신이었지만, 성령으로 충만하셔서 40일을 먹지도 마시지도 않고 광야에서 지내셨습니다. 예수님은 자신의 수도를 위한 훈련이 필요치 않은 분이지만, 먹고 마시지 않아도 성령 충만의 상태를 유지하고 계신 것을 보게 하셨지요.

셋째, 예수님께서 성령의 이끄심을 받아 가신 곳은 마귀의 시험이 준비된 광야였습니다.

예수님께서 40일을 금식하신 후 몹시 주린 상태에 있을 때 마귀가 나타난 것을 볼 수 있지요. 오늘날과 같은 첨단 과학의 시대에 너무나도 많은 사람들이 영적인 일과 마귀의 존재를 아예 인정하지 않으려고 합니다. 그래서 성경은 예수님께서 공생애를 시작하실 때 성령으로 충만하신 모습과 마귀에게 시험받으시던 상황을 상세하게 전해 줍니다. 아마도 마귀는 몸을 가진 존재가 아니기에, 다른 사람의 눈에는 보이지 않지만 예수님의 눈에는 보이는 환영의 모습으로 찾아왔을 것입니다. 지금 마귀는 우리 눈에는 보이지 않는 대신 사람의 마음을 충동질하고 분노나 의심을 자극해서 죄를 짓게 만듭니다. 그래서 우리는 마귀의 속임에 쉽게 넘어갑니다.

예수님은 하나님 없이는 아무것도 하지 않는 분입니다. 그의 모든 능력은 하나님에게서 오며, 오직 하나님의 뜻을 이루어드리는 것이 그의 목적이었습니다. 그래서 마귀의 전략은 철저하게 하나님께 의존적인 자들을 떼어놓는 데 초점을 맞추고 그를 시험할 것입니다.

25 이젠 안전합니까?

　전후 세대에게 전쟁의 참혹함과 자유의 소중함을 알리고자 35명의 명사들이 쓴 책 〈60년 전 6·25는 이랬다〉 속에 나오는 영안모자 백성학 회장의 실화입니다.
　전쟁 중에 가족과 생이별하여 미 해병 제1사단에서 잔심부름을 하던 소년 백성학은 북한군으로부터 날아온 포탄으로 유류창고가 폭발했을 때 그곳에 있었습니다. 이것을 본 데이비드 비티라는 병사가 그를 구출해 냈고, 미군 야전병원을 돌며 완쾌될 때까지 헌신적으로 돌봐준 것입니다.
　전쟁이 끝나면서 청년 백성학은 군에서 알게 된 지인의 소개로 학생모자 제조공장에 취직하여 청소를 하면서 공장장의 눈에 들어 판매원에 발탁되고, 18세 때 공장 하나와 판매 점포를 관리하는 자리에 오르게 됩니다. 그리고 19세 때는 모자 공장을 차리는 모험을 했으며, 1959년 모자 70개에 불과했던 노점에서 현재 전 세계에 1억 개 이상의 모자를 판매하는 중견 기업으로 성장했습니다.
　1989년 어느 날 비티에게 받은 은혜를 떠올리며 보답 차원에서 필라델피아의 허름한 아파트를 찾았으나 비티는 백성학 회장을 만난 것만으로도 큰 선물이라면서 도움을 사양했습니다. 그 후 10년이 지나 그의 장례식을 찾은 백 회장은 '비티로부터 받은 사랑을 사회로 되돌려 주는 일을 계속해 나갈 것'을 다짐하게 됩니다.
　"내가 나 된 것은 하나님의 은혜로 된 것이니"(고린도전서 15:10)라는 바울의 고백처럼 오직 나와 함께하신 하나님의 은혜가 안전을 보장합니다.

체험
25

아무리 현대 의학이 발달했다 하더라도 영적인 문제로 온 병에 대해서는 속수무책이다. 전문의들도 이런 환자를 대하기가 가장 까다롭다. 왜냐하면 이것은 본인만이 고통을 느끼는 현상이기 때문에 아무리 상세히 설명해도 처방에 도움이 되질 않는다.

단식기도원에서 이런 고통을 호소하는 분들이 의외로 많았다. 그럴 때마다 나는 병이 오게 된 원인을 찾아 치료하는 성경적 원리를 가르쳐 주면서 자신에게 해당되는 부분에서 집중적으로 기도하라고 말한다.

어떤 사람은 회개를 통해 그 자리에서 낫기도 하고, 귀신이 떠나갈 때 병까지 갖고 나갔기에 온 몸이 기적같이 깨끗해진다. 뿐만 아니라 좀 더 오랜 기간 동안 단식과 보호식을 하며 기도할 때 낫는 병도 있고, 때로는 첨단 의학의 도움을 받아야 할 사람은 기도 후 그와 상담을 하는 가운데 의사의 처방이 필요함을 알려 주기도 한다.

간혹 무조건적인 신앙만으로 자신의 병이 나을 것이라는 확신을 갖고 있는 신자를 만날 때가 있다. 우선 보기에는 그의 믿음이 훨씬 강해 보인다. 물론 능력의 하나님께서 손대시면 어떤 병도 고치실 수 있다. 하지만 그것은 하나님이 하실 일이지 그 사람이 판단할 영역이 아니다.

환자를 진료하는 의사 가운데 곧바로 아픈 부위를 치료하는 의사는 없다. 먼저 어디가 어떻게 아픈지를 묻게 된다. 증상에 대한 정확한 설명이 부족하면 오진확률은 높아진다. 왜 병에 걸렸는지 분명하게 알고 거기에 맞는 처방을 해줄 때 그 환자는 정상적으로 치료될 수 있다.

메시지 광야의 시험자

마태복음 4:1-11

예수님은 철저하게 하나님께 의존적인 분이셨지요. 그래서 마귀는 예수님을 하나님에게서 떼어놓으면 넘어지게 할 수 있다는 데 초점을 맞추고 주님을 시험하게 됩니다.

첫째, 마귀는 예수님의 굶주린 현실을 자극하여 먹는 문제부터 해결하라고 유혹했습니다.

'네가 만일 하나님의 아들이라면' 하고서 마귀가 토를 단 것은, 영광스러운 하나님의 아들이 너무 처량해 보인다는 뜻이지요. 물론 이것은 예수님이 처한 광야의 현실입니다. 출애굽한 이스라엘 백성들은 물도 없고 양식도 없는 광야에서 실망한 채 하나님의 인도를 거부했습니다. 그러나 하나님께서는 이제 그들이 세상의 떡으로만 살 것이 아니라, 하나님의 말씀으로 살아야 하며 이전과는 전혀 다른 수준의 삶을 체험할 수 있도록 축복의 현장으로 이끄신 것입니다. 그래서 예수님은 돌로 떡이나 만드는 자기실현보다 하나님의 뜻을 실현하는 바로 그 말씀으로 마귀의 유혹을 물리치셨던 것이지요.

둘째, 마귀는 하나님의 말씀을 충동적으로 믿고 잘못 사용하도록 유혹했습니다.

실제로 마귀는 기드론 시내가 내려다보이는 예루살렘 성전 꼭대기에 예수님을 세워놓고 거기서 뛰어내리라고 말합니다. 그러면 하나님의 말씀대로 주의 사자들이 손으로 발을 붙들어 돌에 부딪히지 않게 해줄 것이라며 부추겼지요. 지금 마귀는 하나님의 말씀을 볼모로 잡아서 하나님의 능력이 나타나게 하라는 식으로 유도하고 있는 것입니다. 그러자 예수님은 "주 너의 하나님을 시험하지 말라 하였느니라"는 기록된 말씀으로 되받아 치셨습니다. 결코 하나님의 말씀으로 하나님을 대적해서는 안 됩니다. 우리는 하나님을 바로 알고 찬양해야 하며, 나의 권리를 주장하지 말아야 할 것은 모든 것이 하나님의 은혜이기 때문입니다.

셋째, 마귀는 자기에게 엎드려 경배하면 천하만국과 그 영광을 다 주겠다고 유혹했습니다.

마귀는 이 세 번째 거짓말로 모든 사람들을 속이는 본색을 드러냈지요. 사실 이 세상은 모두 다 하나님의 것이지 마귀의 것은 하나도 존재하지 않습니다. 죄를 범하여 버림받은 인간들을 마귀가 속였고 거짓된 신념과 사상으로 통제해 온 것이지요. 그래서 예수님은 죄에 빠진 인간들을 빼내서 하나님께 영광 돌리는 거룩한 자녀로 만들기 위해 이 땅에 오신 것입니다. 여기서 마귀의 의도와 예수님의 의도가 분명해집니다. 마귀는 이 세상을 볼모로 잡아서 자기에게 절하면 이 세상 영광을 다 주겠다고 거짓말합니다. 그러자 예수님께서는 '주 너의 하나님께 경배하고, 다만 그를 섬기라' 하신 말씀을 근거로, "사탄아 물러가라!"고 명하신 것입니다.

우리 안에 두려움이 몰려오고 분노가 치밀어 오르면서 영적인 침체에 빠지게 되는 것은 마귀의 교활한 시험 때문입니다.

26 내려놓을 수 있습니까?

두 아이의 엄마이자 워싱턴포스트의 기자로서 퓰리처상을 수상한 브리짓 슐트의 저서 〈타임 푸어〉는 시간 강박에 쫓기는 육아 직장인들의 자화상을 잘 보여줍니다.

직업상 '해야 할 일'과 '엄마로서의 역할'을 동시에 수행하는 데 한계를 느끼면서 '시간 관리자'에게 상담을 받아 보고, 파리에서 열린 '시간활용 학술대회'에도 참석해 봅니다. 그러면서 '시간 스트레스'가 뇌를 망가뜨린다는 예일대 뇌과학자의 충격적인 이야기를 들은 그녀는 오랜 연구 끝에 타임 푸어의 주요 원인이 '이상적인 노동자'와 '좋은 엄마'가 되어야 한다는 현대 사회의 압박 때문이라는 결론을 내리게 됩니다.

시간을 현명하게 쓰는 것, 스트레스를 잘 관리하는 것, 보람과 가치를 추구하면서도 행복하게 사는 것은 현대인들에게 주어진 과제이기도 합니다. 하지만 항상 바쁘지 않으면 안 된다는 강박에 놓여있는 사람들이 행복한 삶을 영위하는 방법은 도전의 문제가 아니라 실천의 문제입니다. "시간이 얼마 남지 않았다고 생각하면 더 이상 하고 싶지 않은 일들이 많아집니다."라는 저자의 말대로 내려놓아야 할 것을 찾아보면 어떨까요?

예수님을 대접하는 일로 분주한 마르다는 주님의 발치에 앉아 말씀만 듣는 동생 마리아가 못마땅했습니다. 그래서 그에게 명하여 자기를 도와주게 하라고 요청합니다. 그때 주님께서는 '많은 일로 염려하고 근심하기보다 몇 가지만 하든지 혹은 한 가지만이라도 족하다'고 말씀하셨습니다.

체험
26

　기도할 때에도 먼저 해야 할 것이 있다. 아픈 곳에 손을 얹어 낫게 하는 것보다 그에게 병이 침투한 경로를 깨닫게 하고, 더 이상 죄를 짓지 않게 하고, 앞으로 하나님의 사람으로 거듭나 일하게 하는 데 목적을 두고 기도하게 해야 한다. 그러면 평강의 하나님께서 이미 그와 함께 하셔서 그의 아픈 곳을 어루만져 주시어 낫게 하실 것이라고 나는 믿는다.

　의사나 약사의 도움을 전혀 받지 않겠다고 고집하는 것도 신앙적인 문제가 있지만 조금만 아파도 병원을 찾는 신앙이 더 문제다. 생명의 근원을 아는 자라면 함부로 자기 생명을 의탁하지 않을 것이다. 문제가 생기면 먼저 그분께 알리고 지시를 받아야 한다.

　성경 속 기적과 신유의 역사는 오늘도 진행형이다. 하지만 믿음의 분량에 따라 하나님께서 주신 지식의 은사를 최대한 활용하여 사회과학이 발달된 만큼 신기술의 도움을 거부하는 것은 바람직하지 않다. 하나님의 선택을 따르고자 하는 자세를 취할 때에 역사하는 힘이 더욱 강할 것이다.

메시지 # 제사장적 선지자

예레미야 1:1-6

이스라엘 백성들의 안전은 율법에 따라서 사는 것이라 하겠지요. 그래서 하나님의 선지자들이 할 일은 이스라엘 백성들이 이 율법의 길에서 이탈하지 않도록 경고의 메시지를 전하는 일이었습니다. 이 일 때문에 동족인 유대인들로부터 핍박받은 선지가가 바로 예레미야입니다.

첫째, 예레미야는 제사장의 아들이기에 장차 제사장이 될 사람이었습니다.

예레미야는 아나돗의 제사장 힐기야의 아들로 태어났지요. 제사장은 세습제여서 30세부터 그 일을 감당할 수 있지만, 선지자는 세습제가 아니라 누구든지 하나님의 말씀이 임하면 하나님의 말씀을 전할 수 있습니다. 그런데 말씀이 단 한 번 임하면 한 번만 말씀을 전하고 그 역할은 끝나게 됩니다. 예레미야의 경우, 매우 젊은 나이에 하나님의 말씀이 임한 것은 그가 제사장으로 일하기까지 기다리기에는 시대적인 상황이 급했기 때문입니다. 그는 어려서부터 신앙적인 분위기에 익숙했고, 하나님의 음성에 민감한 사람으로서 일찍부터 준비된 사람이라 할 것입니다.

둘째, 예레미야에게 여호와 하나님의 말씀이 일찍 임했습니다.

여호와의 말씀은 요시야 13년에서부터 유다 왕 '시드기야'의 제 십일 년 말까지 예레미야에게 임했다고 말씀하고 있지요. 여기서 선지자는 하나님이 주신 말씀을 기계적으로 전달하기만 했던 것이 아니라, 자신의 설명을 추가해서 백성들을 설득시키고 한 사람이라도 더 살리기 위해 애를 쓰고 몸부림을 치게 되는 것입니다.

하나님의 말씀에 대하여 전혀 감정이입 없이 메시지 자체만 전달하는 것이 천사들입니다. 그러나 선지자가 전하는 말씀은 이미 자신의 인격을 통과했기 때문에 그 안에 죄에 대한 저항력이 있어서 그 말씀을 믿음으로 듣고 순종하면 바로 능력이 나타나게 됩니다.

셋째, 예레미야는 하나님의 부르심을 받고서 부담스런 고백을 했습니다.

하나님은 그가 만들어지기도 전에, 어머니의 뱃속에서 나오기도 전에 그를 성별하셨다고 말씀했지요. 그런데 예레미야는 너무 일찍부터 자신을 부르심에 대하여 매우 부담스러워하는 모습을 보여 줍니다. 사실 예레미야는 도저히 돌이킬 수 없을 정도로 무너지고 있는 유다 나라를 지키는 선지자의 사명을 받고서 '슬프다'고 말합니다. 그는 이 사명이 불가능하다는 것을 알고 죽도록 고생만 할 뿐이지 끝에는 아무것도 얻는 것이 없음을 너무나 잘 알고 있기 때문입니다. 그래서 예레미야는 '나는 아이라, 말할 줄을 알지 못한다'고 대답하면서 사양의 뜻을 나타냅니다.

우리는 하나님의 말씀의 능력을 믿어야 합니다. 우리는 할 수 없지만 하나님의 말씀만 붙들면 반드시 해 낼 수 있습니다. 우리는 아무런 힘이 없어도 하나님의 말씀 속에는 신적인 능력이 있어서 이 말씀의 능력을 이길 수 있는 사람은 아무도 없습니다.

27
39

3
52주 요나체험

네가 무엇을 보느냐

"하나님은 예레미야로 하여금 끝까지 남아서 하나님의 말씀을 전하게 하십니다.
남은 백성들을 살리게 하셨습니다.
비록 예레미야는 예루살렘의 멸망을 막아내지는 못했지만 끝까지 남아서 하나님의 말씀을 전합니다.
그리고 많은 사람들을 건져내는 일을 했던 것입니다.
우리도 이 세상을 살면서 사람들과의 신뢰 관계를 형성해야 합니다.
최선을 다해서 구원의 메시지를 전해야 합니다.
우리가 이 세상에 사는 가장 중요한 목적은 복음을 전하는 것입니다.
마지막 한 영혼이라도 더 건지는 것입니다."

27 힘을 잃어버렸습니까?

우리는 좋든 싫든 상관없이 다수의 공동체와 관계를 맺고 함께 기대어 살아갑니다. 성경에는 노예 상태였던 한 민족의 출애굽 과정이 나옵니다. 애굽의 풍요로움과 비교할 수 없는 황량한 광야에서 모세의 인도 속에 40년 동안 한 공동체로 거듭난 것은 기적이었습니다. 이런 일들은 오늘도 하나님의 말씀을 사모하는 신앙공동체 안에서 발견됩니다.

〈뉴욕 타임스〉가 선정한 베스트셀러 작가인 앤 라모트(Anne Lamott)는 구겐하임 문학상을 수상한 여성입니다. 원제 〈Traveling Mercies〉를 〈마음 가는 대로 산다는 것〉으로 번역 출판된 그의 책은 자비와 은총 속에 거닐던 중 회심한 과정을 담고 있습니다. 알코올과 마약 중독 등 방탕의 주연이었던 그녀가 가난한 밑바닥 인생들로 구성된 작은 교회를 통해 믿음의 길에 들어서게 됩니다. 그녀는 "자신의 깜박거리는 촛불보다 더 밝은 빛을 따르는 그들은 뭔가 아름다운 전체의 일부"라고 말할 정도로 교회를 자랑합니다. 결국 이 작은 공동체에 속해 기도하고 믿음을 실천하는 사람들로부터 길과 그 길을 비춰줄 소중한 빛을 발견하고서 그들 중 일원이 된 것입니다.

그녀의 10년 후 이야기들로 소복이 담긴 〈우리를 살아가게 하는 것들〉 속에는 남을 돕거나 양육하고 불의와 싸우지만 용서하고 기도하는 일상들로 가득 채워져 있습니다.

우리에게 주신 산 소망은 슬픔을 무력화시키고 그의 사랑은 허무를 이겨내는 능력이 됩니다.

체험
27

　일본 후쿠오카한인교회 이성주 목사님은 수시로 나를 초청해 강단에 설 기회를 주셨다. 하루는 집회가 끝나고 한 일본 목사님의 사모님이 위암 말기로 투병 중이라며 기도요청을 받았다. 나는 손을 얹어 기도한 뒤 "이미 의사가 불가능하다고 했으니 부르심을 받더라도 하나님께 맡기고 단식하며 기도하면 어떨까요?"라고 했다.

　그 사모님은 남편에게 "여보! 제 소원이니 함께 단식하며 기도해요"라고 하는데 일본 목사님은 바쁘다며 거절하는 것에 나는 충격을 받았다. 사모의 눈에 언뜻 눈물이 비쳤다.

　하나님은 그 일본인 사모님을 사랑하셨고, 기적은 진행되고 있었다. 내가 한국에 들어온 뒤 얼마 후 이성주 목사님으로부터 일본인 사모님이 단식 후 나았다는 연락을 받았다. 나도 너무 기뻐 좋으신 하나님을 찬양하며 경배 드렸다.

　다시 일본을 찾았을 때 사모님은 건강한 모습으로 나를 맞았고 이번에는 남편 목사님이 사모가 입원했던 바로 그 병실에 입원하고 있었다. 사모가 말하길 "그 때 함께 단식하며 기도해 주지 않아 이 방에 들어오게 하신 것 같다"고 말해 모두들 크게 웃었다.

메시지 하나님의 사명자
예레미야 1:7-10

제사장의 아들인 예레미야는 30세가 되면 제사장의 임무를 세습할 수 있었지요. 그러나 여호와의 말씀이 젊은 그에게 임하여 말씀에 붙들린 자가 되게 하셨고, 결국 선지자의 길로 인도하십니다.

첫째, 하나님께서는 주의 명령대로 이행하면 보호해 주실 것을 약속하셨습니다.

예레미야는 자기가 아이여서 어른들을 상대로 말씀을 전할 자신이 없다고 했지요. 이때 하나님은 오히려 아이이기 때문에 심부름만 하면 된다고 말씀하십니다. 사람들을 설득시키고 변화시키는 것은 하나님이 하실 일이니, 너는 가서 심부름만 하라는 것입니다. 결과는 하나님께 맡기고 나아가면 하나님께서 너를 해치지 못하도록 지켜주시고, 어려운 곤경에서 건져내겠다고 말씀하십니다. 우리는 전적으로 주님께 맡기지 못하여 두려워하고 염려합니다. 그러므로 우리가 복음을 전할 때에도 하나님께서 특별한 능력으로 지켜 주실 것을 믿고 나가야 할 것입니다.

둘째, 하나님께서 예레미야의 입에 손을 대시면서 말씀을 주시는 표시를 해주셨습니다.

하나님께서 이렇게 하신 것은 예레미야에게 친히 말씀의 권위를 주시는 것이지요. 하나님께서 직접 그 손으로 예레미야의 입에 대신 것은 그 시대에 하나님이 인정하시는 선지자는 오직 예레미야 한 사람인 것을 나타내시는 중요한 표징입니다. 뿐만 아니라 이것은 하나님께서 그가 일할 수 있도록 끝까지 말씀의 능력을 거두지 않으실 것이며, 지속적으로 그와 함께 하시겠다는 약속의 표시이기도 합니다. 하나님의 선지자에게서 능력의 말씀이 떠나면 어떻게 되겠습니까? 그 순간 그의 역할은 끝나게 되겠지요. 그래서 선지자의 입에는 말씀이 부어지는 것만큼 큰 힘이 되는 것도 없겠지요.

셋째, 하나님께서는 예레미야에게 그가 감당할 사역을 알려 주셨습니다.
선지자들이 맡았던 임무는 다양합니다. 황무지를 개간하여 씨를 뿌리는 선지자도 있었고, 이미 익은 곡식을 거두기만 하면 되는 선지자들도 있었지요. 그런데 예레미야가 맡은 임무로는 심고 건설하는 기쁨보다는 뽑고 부수고 파괴시키는 쪽의 임무가 주어졌던 것입니다. 하나님은 예레미야 때 예루살렘을 영적으로 대단히 잘못 지어진 부실 건물로 보셨고, 그래서 바른 건물을 세우려면 잘못된 것을 부수고, 다시 지어야 한다고 말씀하셨습니다.

우리의 신앙도 마찬가지입니다. 신앙생활의 부실한 부분은 다 부수고 다시 세워야 바른 기초 위에 건전한 신앙이 세워지게 됩니다. 여태껏 우리가 세운 것을 부순다는 것은 참으로 힘든 일이지만, 나의 인생을 사용하시기 위해 하나님이 간섭하신 것인 줄 깨닫고 하나님의 손에 붙들려야 합니다. 새로운 건물을 짓기 전에 잘못 지어진 건물들을 부수어야 하고, 알곡을 심기 전에 잘못 심어진 가라지들을 뽑아야 합니다.

28 숨차게 달려왔습니까?

누구나 힘든 상황에 처하면 낙심할 수 있지만 어떠한 경우에도 자신의 인생을 포기하지 말아야 합니다. 왜냐하면 우리의 상황이 아무리 처절해도 하나님은 보이지 않는 곳에서 우리를 위한 어떤 준비를 하고 계시기 때문입니다. 그것을 믿고 모든 것을 견디어 내면 마침내 그분이 주시는 축복을 받게 될 것입니다.

〈뿌리〉의 작가인 알렉스 헤일리(Alex P. Haley)는 앨콘 주립대를 자퇴했을 때 농학 교수였던 아버지 사이먼 헤일리의 강요에 못 이겨 미국 해안경비대에 들어가게 됩니다. 그는 20여 년을 근무하면서 화물선을 타고 나갈 때마다 약 2개월간을 바다에서 보내야만 했습니다.

고된 일을 하면서도 틈틈이 편지와 일기쓰기를 게을리하지 않았던 그는 동료 승무원들의 연애편지를 대신 써주면서 어렴풋이 '자신도 작가가 될 수 있겠다'는 작은 희망을 품게 됩니다.

사회활동을 시작한 그는 미국 흑인들의 고된 삶을 담은 대하소설을 쓰기 위해 아프리카에서 미국으로 가는 화물선을 타고서, 열흘 동안 밤마다 속옷만 입은 채 배 밑창의 짐칸에서 쿤타킨테가 겪은 노예의 고통을 직접 체험해 보았습니다.

그는 10년에 걸쳐 쉰다섯의 나이에 완성한 소설 〈뿌리〉로 풀리처상과 명예 학위를 받고 각광받는 작가가 됩니다.

성공에 들떠 있던 그는 우연히 오래전 간직했던 녹슨 통조림과 동전을 발견하고서 그것이 전부였던 시절, 불확실한 미래를 향해 필사적으로 달려온 자신을 다시금 돌아보게 되었습니다.

체험
28

　대구 수양관 근처가 시간이 흐르면서 개발의 바람이 불기 시작했다. 건물들이 자꾸 들어서는데 전혀 반갑지 않은 일이 벌어졌다. 기도원 맞은 편 정면에 절이 세워지는 것이었다.

　이건 아니라는 생각에 아무것도 손에 잡히지 않았다. 매일 눈 뜨자마자 절을 마주 본다고 생각하니 보통 일이 아니었다. 나는 매일 절을 향해 "주여! 저 절을 다른 곳으로 보내 주옵소서"라고 간절히 기도를 시작했다.

　그런데 내 기도와는 달리 날이 갈수록 절은 점점 웅장한 모습을 드러내기 시작했다. 기도만 하고 있던 어느 날, 자신이 건너편 절 주지의 친구라고 소개하면서 그 절을 사지 않겠느냐는 의중을 물어왔다. 순간 하나님의 역사가 시작되었음을 직감했다.

　돈도 없지만 전혀 살 의향이 없다고 말했다. 이후 꽤 많은 시간이 흐른 어느 부활주일 오후였다. 저녁 예배를 마치고 성도들과 성전 뜰에 나와 있었는데 절에서 성가대의 찬양이 울려퍼졌다. 다른 교회에서 절을 매입해 선교사 게스트하우스로 꾸미고 입주예배를 드렸던 것이다. 할렐루야! 나는 기쁨의 환호성을 질렀다.

　그 교회는 경매로 매입을 하게 됐다고 했다. 선교사님들에게 숙식을 제공하고 특수선교사 훈련센터로도 활용하게 될 것이라고 했다.

메시지   첫 번째 경고의 환상

예레미야 1:11-12

유다 사회는 신앙적인 병으로 신음하고 있었지요. 그러나 유다 백성들은 자가 진단으로는 병의 정도를 정확하게 알지 못했습니다. 그래서 선지자들은 하나님의 말씀을 가지고 그들의 병을 진찰해 주었던 것입니다.

첫째, 하나님께서는 우리의 형편에 맞는 재료를 가지고 화제를 삼으십니다.

예레미야의 고향은 아나돗이었지요. 이곳은 예루살렘에서 가까운 지역으로, 성전의 성벽이 다 보일 정도였습니다. 특히 아나돗에서는 살구나무가 많아 살구꽃 축제가 열릴 정도라고 전해집니다. 이 나무는 광야에서 겨울이 지나고 가장 먼저 싹이 트는 나무로 아론의 싹 난 지팡이가 바로 살구나무였고, 살구나무 가지 모양을 한 성전의 등대를 보면 소망의 상징으로 볼 수 있겠지요. 제사장의 아들인 예레미야는 하나님이 보여 주신 환상이 익숙한 것이라 금세 알 수 있었던 것입니다. 그래서 "네가 무엇을 보느냐?"고 물으실 때 "내가 살구나무 가지를 보나이다"라며 정확하게 대답했습니다.

둘째, 그러면 하나님께서 예레미야에게 살구나무 가지를 보여 주시는 이유가 무엇일까요?

여기서 하나님은 예레미야에게 그가 아주 잘 아는 살구나무 가지를 보여 주시면서 무엇이냐고 묻습니다. 그러자 예레미야가 거침없이 '살구나무 가지'라고 대답했고, 하나님께서는 그를 칭찬해 주셨지요. 그런데 이어서 "이는 내가 내 말을 지켜 그대로 이루려 함이라"는 의미심장한 말씀을 하십니다. 우리말에서는 전혀 다른 표현이지만, 사실상 '살구나무 가지'와 '지켜보다'는 말은 동일한 자음인 '솨케드'를 쓰고 있습니다. 그러니까 예레미야가 '살구나무 가지를 지켜보고 있다'는 말에 하나님도 '하나님이 말씀하신 그대로 되는지 안 되는지 나도 지켜보겠다'라는 뜻으로 말씀하신 것입니다.

셋째, 그렇다면 하나님이 말씀하셨다는 것은 무엇을 뜻하는 말씀일까요?
하나님께서는 이스라엘 백성들과 언약을 세우실 때 그들이 하나님의 말씀을 지켜 그대로 행하면 복을 받는다고 하셨습니다. 그러나 하나님은 이스라엘 백성들이 하나님을 버리고 우상을 섬기면, 이 약속의 땅에서 쫓겨나 먼 이방 땅에 노예로 붙들려 갈 것이라고 말씀하셨지요. 그런데 지금 유다 백성들이 하나님에 대한 신앙을 버리고 우상에게 절하고 분향했기 때문에 이제는 얼마 있지 않아 저주의 말씀이 그대로 이루어지게 되리라는 경고의 말씀을 하시는 것입니다. 그러므로 우리가 기억해야 할 것은 하나님은 어떤 말씀이든지 '지켜보고 계시는 분'이라는 사실입니다.

하나님의 백성이라면, 신앙의 순결과 믿음의 순수성을 지켜야지 그렇지 않으면 타락하게 되고, 마침내 망하게 되는 것입니다. 축복의 말씀도, 저주의 말씀도 하나님께서 하신 말씀은 그대로 이루어지기 때문입니다.

29 참말을 하고 있습니까?

　2세가 채 안 되어 아버지를 잃고 전통에 따라 재혼한 어머니의 불행을 안고 자란 한 아이가 있었습니다. 그러다보니 거짓말과 욕설과 하찮은 농담을 잘하며, 주일을 범하고, 카드놀이를 좋아하게 되었습니다.

　그러던 그가 12세 이후로 라틴어를 공부하고, 연설과 연극 연습하는 것을 좋아하면서 연기자로 소질을 키워나갑니다. 그러나 너무나도 가난했기에 부유한 학생들의 심부름꾼 노릇을 했던 그는 이로 인하여 스스로 낮아지는 법을 터득하게 됩니다.

　수많은 신학서적과 성경주석을 읽으면서 금욕주의의 굴레를 벗고 믿음으로 구원의 확신을 얻게 된 조지 윗필드(George Whitefield), 피상적인 대상보다 구체적인 대상을 향한 그의 외침에는 영적인 권위가 있었습니다. 그래서 그의 설교를 흉내내기만 해도 역사가 나타났다는 이야기가 전해집니다.

　아놀드 A. 델리모어가 쓴 〈조지 윗필드〉에 소개된 일화입니다. 어느 마을에 술집이 하나 있었는데, 그 집에는 사람들의 흉내내기를 잘하는 한 웨이터가 있었습니다. 어느 날 회원들로부터 윗필드의 설교를 흉내낼 것을 요청받고서 그는 망설이다가 사람들의 강요에 못 이겨 조심스럽게 윗필드의 흉내를 냈습니다.

　"나는 그리스도 안에서 참말을 하고 거짓을 말하지 않습니다. 여러분이 회개하지 않는 한 여러분 모두는 저주를 받을 것입니다." 이 짧은 설교 흉내는 술집 문을 닫게 하였고, 그들은 다시 술집을 찾지 않았다고 합니다.

체험
29

비록 시간이 더디어도 하나님은 기도를 응답해 주시는 분이셨다. 아침마다 '저 절이 사라지게 해 주소서'라고 기도했던 기도가 은혜로운 곳으로 바뀌어 응답됐으니 얼마나 감사한지 몰랐다.

2000년도까지 나는 하나님의 도우심 속에 두 권의 책을 출판했다. 첫 번째 책 〈주님, 한 손만 잡아주소서〉를 통해서는 우리의 갈 길을 인도하시는 성령의 불기둥을 간증했다. 이 책을 읽고 은혜가 되었던지 추석명절을 앞둔 시기에도 여러 교회의 집회요청이 이어졌다.

안산의 한 교회에서 특별집회를 인도한 후 대구로 돌아가던 중 사위가 불현듯 "성령께서 수도 서울에 예비된 집회 처소를 찾으라는 감동을 주시는데 어떻게 하시겠어요?"라고 하는 것이었다.

나는 기도해 보자고 한 뒤 "주님, 우리를 도우소서. 우리 힘으로는 아무것도 할 수 없습니다"라는 한 마디의 기도를 드렸다. 그런데 마음에 기쁨이 넘쳤다. 마음속에 기쁨이 넘친다는 것은 기도응답의 징후였다.

그러나 서울 처소는 쉽게 주어지지 않았다. 무릎을 꿇었지만 하나님은 침묵하셨다. 인간적으로는 참 답답했다.

메시지 두 번째 경고의 환상

예레미야 1:13-19

예레미야에게 살구나무 가지 환상을 보여주신 하나님께서는 이미 말씀하신 것을 '지켜본다'고 하셨지요. 이제 하나님은 무엇을 지켜보신다는 말씀인지 그 뜻을 알 수 있도록 두 번째 환상을 보여 주십니다.

첫째, 하나님께서 보여 주신 두 번째 환상은 기울어진 끓는 가마였습니다.
여기서 끓는 가마는 재앙을 의미합니다. 그런데 반듯하게 있어야 할 이 가마가 한쪽으로 기울어져 있다면 어떻게 될까요? 만약 끓는 물이 쏟아지면 그 가마 옆에 있는 많은 사람들이 큰 화를 입을 것입니다. 이 가마가 북쪽에서 남쪽으로 기울어진 것을 볼 때 북쪽 바벨론에서 재앙이 밀려올 것으로 예상됩니다. 그렇다고 해서 바벨론이 재앙의 직접적인 원인이라고 단정하기보다, 사실은 물이 끓고 있는 가마솥에 문제가 있다는 것이지요. 이럴 때 바벨론은 그 물이 끓는 솥을 기울어지게 해서 쏟아지게 하는 역할을 할 뿐입니다.

둘째, 이 당시 가마솥의 끓는 물처럼 예루살렘 자체가 심하게 끓고 있었습니다.
하나님은 이 재앙이 북방 여러 민족에게서 시작되어 이 민족에게 임할 것이라고 말씀하셨지요. 그들은 예루살렘 성문에서 아예 자리를 정하고, 사면 성벽과 유다 모든 성읍을 칠 것이라고 합니다. 그리고 유다는 다른 민족의 도움을 전혀 받지 못하고 결국 망하게 된다는 것입니다. 그러니까 하나님께서 보여주신 환상을 통해서 유다는 비록 늦은 감이 있지만, 하나님과의 관계를 새롭게 하는 길을 찾아야만 했습니다. 하나님의 백성들이 다른 사람들에게 신선한 충격이 되지 못하면

끓는 물이 됩니다. 그래서 우리는 하나님께서 주신 말씀의 능력으로 분노와 욕심을 눌러야 하고, 이 물이 끓기 전에 미리 예방해서 뜨거워지지 않게 해야 하는 것입니다.

셋째, 하나님께서는 이제 곧 큰 재앙이 닥칠 예루살렘에 한 선지자를 파송하십니다.

예루살렘이 멸망한다는 사실을 하나님께로부터 들었을 때 지금 당장 붕괴할 어떤 조짐이 보인 것은 아니었지요. 오히려 평온한 상태였기에 예레미야가 예루살렘의 멸망을 예언한다면 사람들은 아무도 그의 말을 믿으려고 하지 않을 것입니다. 오히려 그가 미쳤다고 말하면서 그의 생명을 위협할지도 모릅니다. 그러나 하나님은 예레미야로 하여금 끝까지 남아서 하나님의 말씀을 전하게 하시고, 남은 백성들을 살리게 하셨습니다. 비록 예레미야는 예루살렘의 멸망을 막아내지는 못했지만, 끝까지 남아서 하나님의 말씀을 전하여 많은 사람들을 건져내는 일을 했던 것입니다.

우리는 지금 이 세상에 살면서 사람들과의 신뢰 관계를 형성해야 하고, 할 수 있는 대로 구원의 메시지를 전해야 합니다. 우리가 이 세상에 사는 가장 중요한 목적은 복음을 전하여 마지막까지 한 영혼이라도 더 건지는 데 있습니다.

30 무엇을 읽고 있습니까?

우리가 예수님을 믿고서 구원받은 것은 사실이지만 지금 천국에 들어가 있는 상태는 아닙니다. 그래서 우리는 이 세상을 사는 동안 시험에 들지 않고 죄에 취하지 않도록 주의해야 합니다. 만약 시험에 들었을 경우에는 악에서 건져 달라고 힘써 기도해야 할 것입니다.

〈고백록〉을 쓴 어거스틴이 이탈리아의 밀란이라는 도시에 있을 때의 일입니다. 자기 옆에 바울 서신의 사본이 놓여 있었음에도 거기에 관심조차 없었던 그는 심한 영적 고민과 번민 가운데 절망에 빠져 있었습니다. 그때 옆에서 놀던 아이들이 "집어서 읽어라. 집어서 읽어라!" (Tolle lege, Tolle lege!)는 노랫가락을 읊조린 것입니다. 벌떡 일어나 옆에 놓여 있는 바울 서신의 한 부분을 읽었는데 "낮에와 같이 단정히 행하고 방탕하거나 술 취하지 말며 음란하거나 호색하지 말며 다투거나 시기하지 말고 오직 주 예수 그리스도로 옷 입고 정욕을 위하여 육신의 일을 도모하지 말라"(로마서 13:13-14)는 말씀이었습니다.

그는 고백합니다. "이 말씀을 읽고 난 찰나, 한 가닥 확실성의 빛이 내 마음에 쏟아져 들어오면서 무명의 온갖 어둠이 스러져 버렸나이다."

우리가 신앙생활을 등한히 하게 되면 기도하지 않게 되고 점점 더 깊은 영적 잠에 빠지게 됩니다. 광야에서 이스라엘 백성들을 가나안 정복의 용사로 만들었던 하나님의 말씀은 우리를 잠에서 깨어나게 하고 믿음의 공동체 안에서 영적 건강을 회복시켜 줄 것입니다.

체험
30

　서울에 왔다가 갑자기 총신대학 근처 교회 종탑이 나를 사로잡았다. 차를 세워둔 채 달려가 보았다. 한 교회가 지상 3층 지하 1층의 상가를 통째로 분양받아 리모델링을 하려는 중이었다. 우리는 분양받은 목사님 연락처를 받아 전화를 해 보고서 깜짝 놀랐다. 그분은 사위의 공군사관학교 3년 선배로 서로 잘 아는 사이였던 것이다.

　사위 장 목사가 입학할 당시 기독생도 회장이었고 3년 뒤 사위가 그 자리를 이어받은 인연이 있었다. 군악대장을 역임해 찬양선교에 관심을 갖고 목회자가 된 박 목사님의 도움으로 우리는 그곳 일부 공간에 세를 들기로 하고 서울 진입의 첫 발을 떼게 되었다.

　우리는 박 목사님의 도움을 받아 아름답게 장식된 성전에서 두 번째 책 〈3일 기도의 영적파워〉의 출판기념회를 겸한 '요나3일영성원' 개원예배를 드렸다.

　기도의 중요성은 알면서도 기도하지 못하는 현대인들에게 책 〈3일 기도의 영적파워〉는 적중했다. 무명 저자의 책임에도 불구하고 2000년 한 해 동안 기독교서점협의회가 선정하는 베스트셀러 가운데 한 번도 빠짐없이 이름이 오른 것은 기적과도 같은 일이었다. 이것은 기도에 대한 하나님의 응답이었고 축복이었다.

메시지 **선택받은 나그네**

베드로전서 1:1-2

사람들은 세상 어디서나 안전의 위협을 느끼며 살아가고 있지요. 베드로 사도가 특정 지역에 서신을 보낸 이 시기는 교회에 대한 핍박이 심화되던 때입니다. 이런 때 하나님께서는 기독교의 중요한 가르침과 진리의 요약판으로 주신 베드로전서를 통해 고난 받는 성도들을 붙들어 주셨습니다.

첫째, 하나님은 교회가 핍박 속에 침체될 때 말씀을 통해 위로해 주십니다.
성도들이 어려움에 처하면, 교회가 침체에 빠지게 되지요. 이럴 때 교회를 다시 살리는 길은 오직 하나님의 말씀을 붙드는 것입니다. 하나님의 말씀만 바로 증거되면 성도들은 세상이 이해할 수 없는 능력을 받고 힘을 내게 됩니다. 그래서 베드로 사도는 주님의 뜻대로 사는데도 불구하고 그리스도인들에게 고난이 올 때 이것을 기쁘게 받아야 하며, 이것을 위해 우리가 부름 받았다고 말합니다. 성도는 단순하게 편안한 삶을 추구하는 세상의 무리가 아닙니다. 여러 가지 많은 어려움들 속에서도 기적과 같이 이겨나가면서 승리의 삶을 누리는 것이지요.

둘째, 어려움 속에서도 하나님의 선택 위에 세워진 교회는 그 정체성을 분명히 해야 합니다.
여기에 나오는 '나그네'는 하나님의 은혜를 잃어버림으로써 전 세계에 흩어져 있던 유대인들, 즉 '디아스포라'를 가리키는 말이지요. 그런데 왜 베드로 사도가 갈라디아 북부에 위치한 여러 교회에 보낸 서신에서 이런 표현을 쓰고 있는 것일까요? 이것은 그 당시 많은 교회들이 마치 전 세계에 흩어져 온갖 설움을 당했던 유대인들처럼, 그런 핍박과 어려움에 처해 있었기 때문입니다. 결국 우리가 이 세상에서 나그네라는 말은 더 중요한 본향이 우리에게 있다는 것이지요. 그러므로 우리는 하나님의 미리 아심에 따라 선택받았고, 하나님이 택하여 세우신 새로운 공동체인 교회로서 그 정체성을 분명히 해야 합니다.

셋째, 우리는 성령의 거룩하게 하심으로 순종하는 교회를 이루어 가야 합니다.
하나님이 우리를 지키고 계시지만, 여러 가지 어려움과 고난이 찾아오는 이유는 무엇일까요? 그것은 하나님께서 우리가 그저 즐겁고 행복하게 사는 것보다 예수님처럼 거룩하게 되는 것을 더 원하시기 때문입니다. 여기서 '순종한다는 것'은 하나님이 원하시는 대로 우리 몸과 의지가 움직여지는 것을 말합니다. 예수님께서는 십자가에 달리신 것이 가장 큰 순종이었고, 죽기까지 아버지께 순종하셨지요. 그러므로 우리가 그리스도의 '순종하심과 피 뿌리심'을 받았다는 사실을 아는 순간부터 진정한 순종의 삶이 시작되는 것입니다.

이 세상에서 눈앞에 보이는 어려움 때문에 성도들의 마음이 자꾸만 약해질 수 있지요. 이럴 때 우리는 어떤 상황에서도 순종하는 자가 되도록 우리를 부르신 하나님의 분명한 목적을 알고 기도하는 것이 필요합니다.

31. 무슨 일을 당했습니까?

무감각한 존재가 아닌 이상 누구나 한때 고난의 시절이 있게 마련입니다. 만약 20대 초반의 명문여자대학 졸업을 앞둔 꽃다운 나이에 교통사고를 당하여 전신 55퍼센트에 3도 중화상을 입고 고통스런 피부이식 수술과 재활치료를 반복한다면 어떤 생각을 하게 될까요? 이런 절망적인 상황을 이겨냈고, 건강을 되찾은 감격으로 이지선 씨는 자전적 수기를 먼저 출간한 다음, 사고 후 10년을 맞으면서 사고 이전에는 깨닫지 못했던 인생의 비밀을 〈다시, 새롭게 지선아 사랑해〉라는 책으로 정리해 냈습니다.

사고 전의 어여쁜 모습과 너무 다른 자신의 얼굴을 보면서 그녀는 두 가지 교차되는 생각으로 갈등합니다. "옥상으로 올라가서 뛰어 내릴까, 아니면 교회로 달려가서 하나님께 따져 볼까?" 그때 "너는 여전히 사랑하는 내 딸이다. 세상을 향하여 빛을 비추라!"며 온 몸을 전율케 하신 하나님의 사랑 앞에 무릎을 꿇고 말았습니다.

"아무리 힘들 때에도 '여기가 끝이 아니다' '네게 희망이 있다'는 하나님 말씀이 들려와 참을 수 있었어요. 분명히 저를 살려주신 섭리가 있으실 테니까요."

그녀의 고백대로 이제는 장애인들을 돕기 위한 선한 사마리아인의 길을 용감하게 헤쳐가고 있습니다.

그 끔찍한 사고를 당했음에도 자기는 사고를 당한 것이 아니라 사고를 만났다고 말하는 그녀에게 두 번째 삶을 가져다준 삶, 고난, 기적, 감사, 사랑, 희망 등 여섯 가지 선물은 인간의 진정한 행복을 알게 해 줍니다.

체험
31

　총신대 근처의 요나3일영성원은 나의 저서를 읽은 독자들의 발길로 기도소리가 끊이지 않았다. 이곳에서 매일 집회를 인도하며 기도하는 가운데 장소를 더 넓혀 가야 한다는 비전을 갖게 되었다. 그리고 하나님은 곧바로 새 성전을 예비해 주셨다. 이곳에서 우리가 사역한 시간은 불과 두 달 뿐이었다. 서울의 다른 예비된 처소로 옮겨가기 위한 징검다리 장소였던 셈이다.
　이 하나님의 섭리는 인왕산 기슭 아파트 상가에 세워진 교회가 후임자를 찾고 있다는 국민일보 광고를 내가 보는 것으로 시작된다. 사실 이것도 하나님의 은혜였다. 얼마든지 모른 채 지나갈 수 있는 부분인데 하나님이 광고를 보게 하시고 관심을 갖게 만들어 주셨기 때문이다.
　당장 전화를 걸었다. 강남 대형 교회에서 부목사로 있다 2층으로 세워진 상가건물 1층의 반쪽을 분양받아 교회를 개척하였는데 2년이 지나도록 성도가 없어 새로운 목회지를 찾아 나설 수밖에 없는 목사님이셨다.
　그런데 인왕산 아래에 위치한 아파트 상가를 직접 찾아가 본 순간 '기도의 요새'라는 느낌이 강하게 들었다. 아파트 위에서 내려다보면 지하 2층에 위치하고 있어 아무리 크게 기도해도 들리지 않을 것 같았다. 또 도로상에서 볼 때는 1층에 위치해 있어 출입이 자유로운 특이한 건물이었다.
　게다가 옆에 인왕산 등산로가 있어 산의 풍취와 마음놓고 기도할 수 있는 환경조건은 나를 아주 흡족하게 했다. 더구나 도심 한복판이어서 이만한 기도처가 있을 것 같지 않았다.
　"하나님, 감사합니다. 바로 이곳입니다. 이제 책임져 주십시오."

메시지 산 소망을 소유한 자
베드로전서 1:3-5

우리가 기쁘게 신앙생활을 하면서도 고난의 연단이 겹치면 침체될 수 있지요. 이런 그리스도인들에게 베드로 사도는 희망의 소식을 전해줍니다. 그것도 흐릿한 것이 아니라, 반드시 이루어질 소망의 능력을 담고 있습니다.

첫째, 그리스도인은 산 소망을 갖고 있는 자들입니다.

베드로 사도는 낙심 가운데 처한 성도들에게 우선적으로 하나님을 찬양하는 일부터 시작하라고 말씀했지요. 누구나 현재의 어려운 형편 앞에서 한숨을 쉬게 됩니다. 그러나 이런 어려움 속에서도 우리 그리스도인들에게 연결된 엄청난 능력을 안다면 우리는 찬송하지 않을 수 없습니다. 한 때는 '그리스도와 살아계신 하나님의 아들'이라고 확신에 찬 고백을 했던 베드로였지만, 십자가에 처형당한 예수님의 죽음으로 모든 꿈이 한순간에 좌절되고 말았지요. 그런데 그리스도를 죽은 자 가운데서 다시 살리신 하나님께서 결코 절망 가운데 두지 않으시고, 하나님의 무한한 축복 가운데 있게 하신 것입니다. 이제 우리는 예수님과 함께 기적을 체험한 축복된 존재이며, 하나님의 영광을 위해 살게 된 거듭난 존재임을 알아야 합니다.

둘째, 그리스도인은 영원한 유업의 상속자들입니다.

예수님은 산상에서 하나님 나라의 백성들에게 주어질 축복의 말씀을 선포하셨지요. 그래서 천국을 소유한 자들이기에 보물을 하늘에 쌓아 두라고 말씀하신 것입니다. 예수를 믿고서 영혼이 치료된 그리스도인은 이 세상의 무엇과도 바꿀 수 없는 보물입니다. 이제 우리는 하늘 양식을 공급받을 뿐만 아니라 하나님을 알아 가면서 축복을 쌓아가고 있습니다. 하나님의 축복을 공급받고 살면서 우리의 몸이 하나님을 찬양하는 데 사용되고 있는 것은 우리에게 나타난 기적의 능력입니다. 그래서 우리가 예수를 믿는 것 자체가 엄청난 복이며, 여기에 믿음으로 산 자들은 모두 상속자가 되어 한 번 받으면 썩지 않고, 더럽지 않고, 쇠하지 아니할 복을 받게 되는 것입니다.

셋째, 그리스도인은 하나님의 보호하심을 받는 자들입니다.

하나님의 약속은 우리를 끝까지 지켜 주시고 보호해 주신다는 것이지요. 출애굽한 이스라엘 백성들을 하나님께서는 인간이 살 수 없는 광야로 인도하셨지만, 그들은 한 사람도 목말라 죽지 않고, 굶어 죽지 않았습니다. 그 이유는 하나님의 말씀이 그들과 함께 있었기 때문입니다. 오늘 우리가 살아가는 이 세상은 죄악의 열기로 가득한 곳이지요. 어떻게 보면 이런 세상에서 도저히 살아남을 수 없을 것 같습니다. 그러나 하나님의 말씀이 있는 거룩한 공동체는 하나님의 기적이 있기 때문에 세상 끝 날까지 남아서 그 사명을 다하게 될 것입니다.

하나님의 예비하신 구원은 우리의 노력에 달려 있지 않고, 하나님의 능력에 달려 있습니다. 그러므로 산 소망을 가진 우리는 믿음으로 하나님의 뜻을 이루어 드려야 할 것입니다.

32 영혼을 파시렵니까?

　16세기 중반에 서유럽 각지에 '파우스트 전설'을 전파한 실존의 인물 요한 파우스트 박사가 있었습니다. 그는 악마의 친구 내지는 의형제라고 말하고 다녔으며, 그래서 그가 악마와 계약을 맺어 마술을 하고 점을 치는 엄청난 능력을 갖추게 되었다는 소문이 돌았던 것입니다.

　그가 죽고 2세기가 지난 즈음, 10대의 대학생 괴테(Johann Wolfgang von Goethe)는 〈자연과 비자연의 마술〉이라는 책을 보고 파우스트를 주인공으로 하여 극을 구상하기 시작한 책 〈파우스트〉를 60년 만에 탈고해 냈습니다.

　학문적으로 이룩한 것도 없이 인생 황혼기에 접어들자 자살하려던 파우스트는 부활절 새벽녘의 어린이들 합창소리를 듣고 마시려던 독배를 떨어뜨리게 됩니다. 이때 악마 메피스토펠레스가 아침거리를 산책하던 파우스트 뒤를 따라와 그에게 젊음을 주는 대신 나중에 영혼을 자기한테 팔아 영원히 노예가 되겠다는 내용의 계약을 하자고 합니다.

　악마가 준 마약을 먹고 멋진 젊은이가 되었지만 100세에 달하여 눈이 멀게 되면서 비로소 인생의 참된 의미를 발견하게 됩니다. 그러자 메피스토펠레스는 애초의 계약대로 쓰러진 파우스트의 혼을 빼앗으려 하는데 천사들이 나타나 악마들과 한판 싸움을 벌입니다.

　인간은 현세의 기쁨과 영혼의 구원을 동시에 추구하고, 질서 속에서 일탈을 꿈꾸는 이런 모순적인 존재입니다. 그러기에 우리는 창조주이신 하나님께 도움을 구하고 깨어 기도해야 합니다.

체험
32

　기도의 용사들을 모아 집중 비상기도에 돌입했다. 며칠 후 그 교회 목사님께서 1년 동안이나 약을 달인 것이라며 내게 보약을 전해주는 꿈을 꾸었다. 이것은 벧엘의 약속과 같은 하나님의 응답이었다.
　우리는 기도하면서도 지나치게 서두를 때가 많다. 하나님의 뜻대로 이루어지기를 기도하면서도 내 원대로 되기를 바라기 때문이다. 기도하는 가운데 하나님의 계획과 우리의 계획이 일치될 때 축복의 문은 활짝 열린다. 준비된 것은 없었어도 마음이 평안했다.
　사르밧 과부의 마지막 남은 밀가루 한 움큼과 기름 조금으로 선지자를 대접함으로 받은 기적의 역사가 일어나기 시작했다. 나는 잔금을 다 치르지 않은 상태에서 먼저 집회를 인도할 수 있도록 배려해준 목사님 덕분에 제단을 쌓고 예배를 드린 지 열흘 만에 까마귀를 보내셔서 공급하시는 하나님의 은혜로 모든 잔금을 순조롭게 지불할 수 있었다. 할렐루야!
　입당 예배를 드리면서 이렇게 최적의 장소를 예비해 기적을 베푸신 하나님을 찬양하며 영광을 돌렸다. 그러나 하나님 사역은 결코 탄탄대로만 있지 않다. 복도를 경계로 38선이 그어진 것처럼 안쪽은 요나3일영성원이었고, 바깥쪽은 무도체육관이었다.

메시지 참 기쁨을 아는 자들

베드로전서 1:6-9

우리를 먼저 찾아오신 하나님은 우리의 앞길도 평안하게 인도해 주시겠지요. 그래서 우리 그리스도인들이 받는 고난의 연단은 이 세상 어떤 것과도 비교할 수 없는 하나님의 축복이 임하는 통로가 됩니다.

첫째, 우리 그리스도인들은 시련 속에서 존귀하게 다듬어지고 있습니다.
베드로 사도는 그리스도인들이 여러 가지 어려움으로 잠깐 근심할 수 있다고 했지요. 여기서 '근심하게 된다'는 것은 기쁨을 다 빼앗기고, 살 소망이 없는데다가 심지어 이런 고난의 기간이 길어지는 영적인 침체를 말합니다. 그런데 여기서 '잠깐'이라고 한 것은 어느 정도를 말하는지 알 수가 없습니다. 그러나 '하나님의 잠깐'은 우리 안에 믿음의 변화를 일으킬 수 있는 최소한의 시간을 말하는 것입니다. 하나님이 주시는 어려움은 우리로 하여금 엄청난 고민과 깊은 생각과 돌이켜 회개할 것을 요구하시는 신호 중 하나입니다. 이때 우리 안에 있던 교만이 빠져 나가고 겸손해진다면 대단한 수확이 아닐 수 없습니다.

둘째, 우리 그리스도인들은 연단 받은 후에 큰 영광을 얻게 될 것입니다.
오늘 우리가 여러 가지 근심하는 이유는 사람들 앞에서 초라해진 내 모습 때문이겠지요. 그러나 성경은 하나님의 눈으로 우리 자신을 보기를 원하십니다. 베드로 사도는 '우리 믿음의 확실함'에 대하여 불로 단련된 용광로에서 모든 찌꺼기가 다 제거된 후에 나온 순금보다 더 귀하다고 했습니다. 우리가 이런 모습으로 만들어져야 하나님 앞에서 칭찬과 존귀와 영광을 얻게 됩니다. 구원받은 백성이라고 죄 앞에서 자유로울 수는 없습니다. 죄를 짓게 되면 양심이 괴로워 견디지 못하여 결국 죄를 토해 내고, 하나님 앞에서 깨끗한 양심을 얻어야 마음에 기쁨과 평안이 회복되는 것입니다.

셋째, 우리 그리스도인들은 너무나 크고 엄청난 즐거움으로 기뻐하게 됩니다.

베드로 사도는 '말할 수 없는 영광스러운 즐거움으로 기뻐한다'고 했지요. 이것은 도저히 인간의 말로는 표현할 수 없는 영광스러운 하나님의 기쁨이 고난 가운데 있는 성도들에게 부어지게 되는 것을 말합니다. 이때의 기쁨은 완전히 새롭게 태어나는 것 같기도 하고 갑자기 하나님의 성령이 강권적으로 내 안에 부어지는 체험과도 같은 것입니다. 실제로 하나님은 우리의 믿음이 이 세상에서 축복으로 나타나게 하시고, 고난 가운데 순금 같은 믿음으로 연단하신 후에는 우리의 삶을 통하여 하나님의 능력이 나타나게 하십니다. 베드로 사도는 성령께서 자기를 채우신 온전한 기쁨을 체험했기에 고난 속에서 보지도 못한 예수를 사랑하는 성도들을 강하게 붙들어 줄 수 있었던 것입니다.

하나님은 우리의 영혼이 살고, 복을 받고, 믿음으로 구원받기를 원하십니다. 우리가 고난을 받는 것은 하나님의 손에 붙들린 상태이며, 흠이 없는 보배로운 모습으로 변화되는 과정입니다.

33 사람을 세우고 있습니까?

그리스도를 위한 일에 깊은 영향력을 행사하는 것은 학력이나 부의 축적과는 큰 상관이 없습니다. 월트(Walt)라는 사람은 고작 초등학교 6년의 학력이 전부였지만 주일학교 교사가 되고 싶어 교장에게 반을 달라고 몇 차례나 간청했지만 자격미달로 거절당했습니다. 너무 간절하게 애원하는 그에게 주일학교 교장은 그가 데려오는 아이에 한하여 그의 반에서 가르쳐도 좋다며 마지못해 허락하게 됩니다.

월트는 한 동네로 아이들을 모으기 위해 찾아갔지만 학교라면 지긋지긋해 하던 아이들은 흥미조차 보이지 않습니다. 하지만 그는 포기하지 않았고 함께 구슬치기와 하이킹을 하면서 13명의 아이를 주일학교로 인도했는데 그중 9명은 결손 가정의 자녀였다고 합니다. 하지만 아이들을 향한 월트의 사랑과 열정은 그가 이 세상을 떠난 뒤 달라스 신학교 하워드 헨드릭스(Howard G. Hendrix) 교수의 책 〈사람을 세우는 사람〉에서 소개되었습니다. "13명의 월트반 소년들 중 11명이 그리스도를 위해 전임 사역자가 되었고, 그들 중 몇 사람은 여전히 오늘날도 활동하고 있다. 내가 이렇게 자신 있게 말하는 것은 바로 내가 그들 중 한 명이기 때문이다."

이것은 저절로 일어난 일이 아닙니다. 월트는 선생님, 인도자, 코치, 아버지 같은 사람, 형님 같은 친구가 필요했던 어린 아이들의 삶 속에 그러한 유산을 만들어 갔던 것입니다. 다른 사람이 발전하고 성장하도록 돕는 사람, 이것이 바로 진정한 멘토입니다.

체험
33

  이전 교회에서는 낮 예배라고는 주일뿐이었기 때문에 자기네 마음대로 할 수 있었는데 난데없이 영성원이 들어오면서 매일 낮 집회를 하게 되니 이 광경이 체육관 입장에서는 몹시 눈에 거슬렸던 모양이었다.

  만나자는 체육관 관장의 청에 따라 사위 장 목사가 만나서 대화를 나누었다. 처음부터 영적인 싸움이었다. 그런데 말이 통하질 않았다. 아침 일찍부터 밤늦게까지 온종일 여러 반을 운영하는 그들로서는 얘기할 자격이 없는데도 이전 상황만 거론하며 우격다짐으로 우리를 몰아세웠다.

  하나님을 알지 못하면 찬송과 기도소리가 시끄러운 소음으로만 들린다. 그래서 우리가 통성으로 기도하면 기도소리보다 더 큰 기합을 질러대고, 설교시간에도 고의로 큰 음악을 틀면서 예배를 방해했다.

  체육관과의 갈등으로 매일 총성 없는 전쟁터에 나온 것 같았다. 그저 기도만 하던 어느 날 "저 곳마저 네가 '요나3일영성원' 성전으로 삼으면 되지 않느냐"는 하나님의 감동이 가슴속에서 불타올랐다.

  내가 할 수 있는 능력이라고는 양 무릎밖에 없었다. 그렇지만 기쁨의 샘이 흘러 넘쳤고 어느새 마음 한 구석에는 약속의 주머니가 풍성하게 채워져 있음을 느꼈다.

  "하나님이 조만간 체육관을 우리에게 주실 것이다. 있는 동안이라도 잘 있다 가기 바랍니다." 이렇게 속으로 기도했다.

메시지 하나님의 탁월하심-1
잠언 1:1-3

선포된 진리의 말씀은 실제적인 삶에 적용하는 것이 원칙이겠지요. 하나님께서는 그 소중한 적용들을 모아 인생들이 깨닫도록 이 잠언의 말씀을 주신 것입니다. 어떤 면에서는 세상적인 교훈과도 비슷하거나 같은 것도 있지만, 실제로 그 뿌리는 전혀 다릅니다.

첫째, 잠언은 말씀의 대부흥기에 주신 축복의 산물입니다.

성경은 '다윗의 아들 이스라엘 왕 솔로몬의 잠언이라'고 했지요. 세상에서 가장 성공한 왕의 잠언이라고 해서 그가 혼자 만들어낸 격언이라는 뜻은 아닙니다. 아버지 다윗 때부터 일어났던 말씀의 대부흥기에 주신 축복의 요약인 것입니다. 그래서 잠언은 맨 먼저 하나님과 바른 관계에서 살아갈 때 얻게 되는 진정한 유익을 설명해 줍니다. 사실 이스라엘 백성들은 광야 여정에서 더 풍성한 하나님의 말씀을 받았습니다. 그러고 나서 다윗 때에 다시 엄청난 말씀의 부흥을 체험하게 되었지요. 다윗은 쫓겨 다니던 시절에도 하나님의 말씀을 붙잡았고, 왕이 되면서 그 말씀으로 온 이스라엘에 대 부흥을 일으켰던 것입니다.

둘째, 하나님의 말씀은 너무나 엄청난 것을 알게 하고 깨닫게 해줍니다.

여기서 '지혜'라는 것은 철학적인 지혜를 말하는 것이 아니지요. 이것은 어떤 사람이 자기 일에 전적으로 헌신해서 터득된 '기술'과 같은 것입니다. 하나님의 말씀은 무에서 유를 창조하는 능력이 있고, 하나님의 기적을 가져오는 능력이 있기 때문에 절대 모방이 불가능합니다. 그리고 '훈계'는 잘못된 길을 갈 때 바로잡아주는 것을 말합니다. 우리 인간에게 죄의 유혹만큼 끈질긴 것도 없을 것입니다. 이때 우리가 하나님의 말씀을 듣게 되면 죄의 유혹은 약해집니다. 아울러 '명철의 말씀'을 깨닫게 되면 하나님의 지혜가 우리 몸에 체득되어 구체적인 분별력으로 나타날 것입니다.

셋째, 하나님의 말씀은 행한 일에 대하여 훈계를 받게 합니다.

먼저 지혜롭게 행한다고 하는 것은 우리가 어떤 일을 할 때 그 일의 성격을 알고 하는 것을 말합니다. 그러나 이것과 반대되는 개념은 맹목적이고 유연성이 부족하여 무조건 밀어붙이는 것입니다. 그러기에 지혜로운 자는 언제나 유연함으로 상처를 아물게 하면서 일을 해낼 수 있습니다. 그리고 '의롭게 일을 행한다'는 것은 죄를 이기는 능력을 말합니다. 따라서 우리가 죄를 이기게 되면 다른 사람에 대한 바른 태도를 가지게 됩니다. 그리고 자기 자신에 대해서 먼저 정직하게 됩니다. 자신에게 정직하지 못한 사람은 쉽게 거짓말을 하게 되는데 이것은 자기 자신을 속이는 행위입니다.

하나님의 백성들은 시종일관 정직을 기본으로 삼고 살아야 합니다. 하나님은 우리의 잘못을 다 알고 계시지만, 적어도 우리가 하나님 앞에 정직할 때 하나님은 그 모든 죄와 허물을 다 용서해주십니다.

34 어떻게 대처하고 있습니까?

달라스 신학교 총장인 찰스 스윈돌 목사님이 한 번은 주일 설교 중에 '법과 질서를 잘 지키는 것은 크리스챤의 의무'라고 말하면서 그날따라 '교통신호를 정확하게 지킬 것'을 유난히 강조한 적이 있다고 합니다. 그런데 예배 후 집으로 돌아가다가 그만 빨간불인데도 모르고 지나간 것입니다. 순간적으로 그 사실을 알고 놀란 목사님이 누군가 쳐다보고 있음을 직감하고, 교인들에게 들킨 것이 너무 창피한 나머지 차를 몰아서 얼른 집으로 달려 들어갔습니다.

얼마 후 좀 만나고 싶다는 교인들의 전화를 받고서 목사님은 아마 그들이 따지려는 줄 알고 속으로는 무척 걱정이 됩니다. 그렇지만 아무 일도 없었다는 듯이 태연한 척 하면서 "가볍게 점심이나 같이 해요"라고 말하면서 전화를 끊었습니다. 이튿날 점심시간에 목사님은 식당에 들어오면서 '나는 죄인입니다'라고 쓴 글자판을 목에 걸고 등장했습니다. 그런 모습을 본 교인들이 배꼽을 잡고 웃으면서 박수를 치는데 갑자기 뒤로 돌아서더니 또 다른 글을 보여준 것입니다.

"너희 중에 죄 없는 자가 먼저 돌로 치라!"

찰스 스윈돌이 산상수훈 설교집인 '은혜의 각성'을 통해 "실제 일어난 일에 어떻게 대처하는지가 인생을 결정한다"고 말한 그의 충고를 귀담아 들으면 좋겠습니다. 초록이 동색이란 말처럼 모든 것이 비슷비슷해 보이지만 사랑도 "위를 향한 사랑은 예배요, 바깥(이웃)을 향한 사랑은 자비요, 허리를 굽힌 사랑은 은혜"랍니다.

체험
34

　이때부터 특별비상기도를 선포하고 단식하며 기도했다. 승리의 화살은 문제의 과녁 중앙을 관통했다. 5개월간의 지루한 싸움의 종지부를 찍었다. 성령님께서 아파트 조합 사무실 책임자들의 마음을 움직여 주셨다. 그들과의 끈질긴 협상 끝에 최종적으로 영성원에 매각할 것을 약속했다. 하나님의 약속은 한 치의 오차 없이 진행되었다.
　"네가 밟는 곳마다 네 땅이 되리라."
　그 약속은 지금도 유효하다. 다만 공격자들이 마지막 분풀이를 위해 꼬리를 칠 때 철저하게 대비하지 아니하면 큰 상처를 입게 되는 것을 명심해야 한다. 최종 시한이 다가올수록 험악한 인상으로 쳐다보기도 하고, 문을 부수고 협박을 하며 도전해 와도 기도로 넉넉히 이길 수 있었다.
　이제 140평의 성전을 기도로 얻었지만 다시 이곳을 최대로 아름답게 꾸미기 위해 기도를 시작했다. 최고의 인테리어 전문가가 선정돼 모든 시설을 최고로만 할 수 있도록 은혜와 물질을 하나님이 주셨다.
　고생한 끝에 얻은 성전에 아름다운 예배실과 숙소, 방음장치를 한 기도실, 카페 분위기의 식당, 청결한 화장실과 휴게공간을 만들었다. 2000년 12월 28일, 한신교회 이중표 목사님을 모시고 헌당예배를 드렸다.

메시지 하나님의 탁월하심-2

잠언 1:4-9

세상 속에도 훌륭한 가르침들이 많이 있지요. 인생을 살면서 깨달은 것을 정리하여 큰 도움을 주기도 합니다. 그러나 성경의 잠언은 겉으로 보기에는 세상의 꽃들과 같아 보이지만 차원이 전혀 다른 진리의 꽃이라는 사실입니다.

첫째, 하나님의 말씀 속에는 세상이 줄 수 없는 훨씬 더 구체적인 유익이 있습니다.

이 세상은 오직 지식 전달의 방식으로 사람을 일깨우려 하고 있지요. 이것은 하나님의 말씀이 우리를 슬기롭게 한다는 것을 모르기 때문입니다. 하나님의 말씀은 가장 먼저 자신을 발견하게 만듭니다. 자신의 위치와 가치를 알게 되니까 슬기로워지는 것입니다. 그래서 하나님의 말씀은 아직 인격이 덜 성숙한 젊은이들로 하여금 진리의 길 위에 올려놓고서 힘차게 달려가도록 하는 것입니다. 그런데 젊은이에게는 '근신함'이 필요합니다. 이것은 채찍질한다는 뜻인데, 젊을 때 유혹에 흔들리지 않고 계속 바른 길을 가게 하는 능력은 오직 하나님의 말씀뿐이라는 것입니다.

둘째, 그래서 하나님은 우리가 성경 속에서 하나님의 지혜를 발견하기를 원하십니다.

우리가 하나님의 말씀을 지속적으로 공급받게 되면, 지혜가 더해지면서 세상을 보는 눈이 열려집니다. 그러면 진리가 주는 자유함을 마음껏 누릴 수 있겠지요. 여기서 명철한 자가 얻게 될 '지략'이라는 것은 전쟁 용어인 전략과 같은 뜻입니다.

상대방의 의도를 정확하게 파악해서 대비할 수만 있다면, 그것은 이미 승리한 전쟁입니다. 성경 안에 담겨있는 '잠언이나 비유'는 수수께끼 같은 말을 의미합니다.

우리가 알아야 할 것은 인생 자체가 하나님의 말씀이 없으면 영원히 풀리지 않는다는 것입니다. 그런데 우리가 하나님의 말씀을 들을 때 인생의 비밀이 풀려지는 것은 그 말씀 속에 축복의 문을 열어주는 지혜와 능력이 있기 때문입니다.

셋째, 그렇기 때문에 이 세상에서 가장 중요한 것은 하나님을 바로 알고 믿는 것입니다.

우리는 하나님을 바로 알 수 없는 존재로 태어납니다. 그런데 하나님의 말씀이 우리를 찾아와 치료해서 하나님을 바로 알게 한 것이지요. 우리가 하나님을 바로 안다는 것은 마치 날 때부터 눈 먼 사람이 난생 처음 눈을 뜨는 것과 같습니다. 그래서 여기 '하나님을 경외한다'는 말은 우리가 하나님을 바로 알았을 때 나타나는 우리의 변화된 반응을 의미합니다. 우리가 하나님을 바로 알게 되었을 때 우리 영혼은 감격과 감동으로 전율할 수밖에 없습니다. 하나님의 말씀은 우리로 하여금 하나님을 만나게 해 줍니다. 이때 믿는 사람은 새 생명으로 살아나게 되지만, 안타깝게도 '미련한 자들은 지혜와 훈계를 멸시'한다는 것입니다.

그래서 잠언은 인생에서 가장 중요한 하나님을 알지 못하면 그의 삶 전체가 실패한 것으로 전제하면서, 우리를 존귀하게 하는 하나님의 말씀을 붙들라고 권고해 줍니다.

35 진정 변화를 원하십니까?

작가 겸 기자인 마이클 루이스(Michael Lewis)는 그의 책 〈부메랑〉에서 미국의 바예시가 재정 분쟁에 휘말려 있을 때 바예시 시장이 취임한 후 시의회와 공안직 공무원들에게 보냈던 메시지를 소개합니다.

"변화의 대상은 바로 사람입니다. 사람들에게 서로 존중하고 정직하게 행동하며 탁월함을 위해 노력하는 법을 가르치는 겁니다. 문화가 변해야 합니다. 하지만 그러려면 먼저 사람들이 변화를 원해야 합니다. 자기 뜻이 옳다고 확신하는 사람은 생각을 바꾸지 않습니다." 그러면서 "도시 전체의 문화를 어떻게 바꿉니까?"라는 질문에 그는 우선 우리 내면을 성찰하는 것으로부터 출발해야 한다는 말로 결론짓습니다.

요셉의 두 아들로 한 지파씩의 축복을 받은 것은 므낫세와 에브라임입니다. 그들은 북쪽 이스라엘의 대부분을 차지할 정도로 커졌지만 그것도 부족했던지 가까운 사람들을 삼키는 데 혈안이 되어 있었습니다. 가장 가까운 사람은 내가 어려울 때 기댈 수 있는 이웃인데도 불구하고 그들은 이웃을 모두 없애버렸고 그 결과는 참혹할 정도로 이스라엘의 멸망을 초래하게 됩니다.

사람은 공룡처럼 커지려고만 하는 끝없는 욕심 때문에 만족을 모릅니다. 이 시대는 최대한 많은 것을 움켜쥐도록 길들여져 있고 병든 문화에 무방비 상태로 노출되어 있습니다. 그러나 니느웨성을 향한 복음적 외침과 예수 그리스도를 닮고자 하는 온유한 마음으로 이 세상을 감쌀 때 참된 변화의 기운이 싹트게 될 것입니다.

체험
35

 행동하는 하나님의 역사는 1층에서 멈추지 않으셨다. 1, 2층으로 나눠진 건물의 1층을 확보한 다음 이제 2층 학원가도 하나님께서 주실 것을 믿고 이스라엘 백성들이 여리고 성을 돌듯이 매일 돌기 시작했다. 1층 전체를 주실 때는 6개월이 채 걸리지 않았기에 이번에도 그렇게 기대했다.

 그러나 이 기도는 이후 5년간 계속됐고 쉽게 이뤄지지 않았다. 그런데 갑자기 2층을 소유했던 공동 주인 세 사람이 서로 갈등이 생기면서 건물을 빨리 팔았으면 하는 상황이 됐고 오히려 내게 사달라고 부탁을 하게 되었다. 계약은 일사천리로 이루어졌다.

 그런데 계약이 이루어진 후 학원가의 항의에 잠시나마 곤혹을 치러야 했다. 자신들이 임차한 상태이기 때문에 우선권을 가지고 있으므로 이 계약은 성립되지 않는다면서 방해라도 놓을 태세였다. 게다가 연말까지 잔여 계약기간으로는 학원을 운영할 수 없기에 충분한 기간 연장을 해달라는 요구를 제시해 왔다.

메시지: 교회에 힘을 주는 편지

요한계시록 1:4-6

사도 요한은 소아시아에 있는 일곱 교회에 편지를 보내고 있지요. 지금 교회들은 박해가 시작된 가운데 대단히 어려운 형편에 처해 있습니다. 그래서 사도 요한은 그들에게 곧 하나님의 특별한 도우심과 기적의 손길이 임할 것임을 알려주고자 하는 주님의 뜻에 따라 그리스도의 계시를 전달하고 있는 것입니다.

첫째, 소아시아 지역의 교회들을 향한 박해로 말미암아 위로가 필요한 시점이었습니다.

로마가 실현한 세계 평화는 '팍스 로마나'라는 말로 통용되고 있었지요. 로마는 정복할 대상이 더 이상 없을 정도로 강해졌고, 드디어 전 세계의 평화를 이룩하게 되었습니다. 그래서 로마 황제는 절대적인 권한을 행사했고, 마침내 황제를 신으로 추앙하기에 이른 것입니다. 이런 바람을 타고 소아시아 지역에서도 황제 숭배 운동이 일어났고, 거기에 참여하지 않는 교회들에 대한 박해가 시작되었습니다. 교회의 부흥을 막고자 마귀는 인간의 교만을 부추겨 로마 황제를 신의 위치에 올려놓고 교회를 탄압한 것입니다.

둘째, 그래서 사도 요한은 특별히 소아시아의 일곱 교회에게 편지를 보냈습니다.

물론 그 당시에 일곱 교회만 있었다는 말은 아니겠지요. 하지만 소아시아 지역의 교회는 규모나 영향력 면에서 세계 다른 모든 교회를 대표할 만한 그런 교회였던 것으로 보입니다. 여기서 일곱 교회는 교회의 다양성에 있어서 여러 교회를 대표하는 것으로 볼 수 있습니다. 오늘도 주님은 교회의 중심을 보시며 평가하실 것입니다. 이때 마귀가 집중적으로 공격할 목표는 오직 하나님의 복음이 살아서 움직이는 바로 그곳입니다. 그래서 주님은 이런 영적 전투가 치열한 교회를 붙드시기 위하여 긴급하게 편지를 보내신 것이지요.

셋째, 어려움을 당할수록 교회를 위해 가장 필요한 것은 하나님의 말씀뿐입니다.

많은 교회들 중에서도 하나님의 말씀이 무엇보다 가장 필요한 곳은 소아시아 지역이었지요. 현재는 교회의 유적지만 남아 있어 안타깝지만, 사실 이곳은 바울의 주된 선교지였고 교회의 부흥을 주도한 곳이었습니다. 이런 것을 보면서 우리는 '하나님께서 왜 이런 일이 일어나게 방치하시는지? 하나님은 도대체 무엇을 하고 계신 것인지?'하면서 의문을 품을 수도 있겠지요. 이런 상황에서 사도 요한은 삼위 하나님의 이름으로 교회에 문안함으로써 여전히 하나님이 온 우주를 통치하시며 지금 온 우주의 왕에게 반역하고 있는 자들은 교회가 아니라 바로 로마 황제 자신이라는 것을 분명히 밝혀주고 있습니다.

우리는 다른 힘이 없어서 패하는 것이 아니라, 말씀의 능력이 없고 믿음이 부족하여 넘어지는 것입니다. 때로는 우리의 머리로 이해되지 않는다 해도 이것이 하나님의 말씀이기에 믿고, 하나님의 뜻을 따라 순종할 때 기적과 능력이 나타나는 것입니다.

36 기도의 승리를 믿습니까?

하워드 헨드릭스(Howard G. Hendrix) 교수가 전해 준 실화입니다. 신입생 강의 첫 시간에 한 물리학 교수가 분필을 치켜들면서 바닥에 떨어질 때 깨진다는 원리로 기도의 무용론을 역설했습니다. 그리고 종강을 맞았을 때 그는 의도적인 질문을 던집니다. "아직도 하나님이 과학보다 더 위대하다는 낡아빠진 관념을 그대로 가지고 있는 사람이 있습니까?"

이때 한 학기 내내 물리학의 기본 이론을 배워 오면서 한편으로 이 날을 위해 준비해온 한 학생이 손을 번쩍 든 것입니다.

뜻밖의 적수를 만난 교수가 당황한 기색을 보이자 그 학생은 이내 기도하기 시작했습니다. 그것도 큰소리로 물리학 강의실에서 말입니다. "하나님, 이 사람들에게 당신 자신을 나타내십시오. 분필이 바닥에 떨어질 때 오늘은 그것이 부러지지 않게 해주십시오."

이 기도는 그 교수를 완전히 뒤흔들어 놓고 말았습니다. 흥분한 그가 손을 위로 뻗쳐 올리면서 '그 바보스런 짓을 멈추라'며 소리를 지를 때 분필이 그의 손에서 미끄러져 나와 공중으로 날아오른 것입니다. 그러면서 교수의 양복바지 단 위에 떨어지더니 신발 위로 떨어졌다가 조르륵 바닥 위로 굴러내렸습니다. 그것도 부러지지 않은 채로 말입니다.

강의실에는 폭소와 함께 박수 소리가 터져 나왔습니다. 하나님은 우리의 개인 마술사가 아닙니다. 이 그리스도인의 담대한 공중기도는 그의 개인기도 훈련과 하나님에 대한 철저한 순종에서 비롯된 것을 깨닫게 합니다.

체험
36

그런데 또 기적이 일어났다. 우리는 기도만 하고 있을 뿐이었는데도, 상대방의 환경에 변화가 일어났다. 그토록 강력하게 항의하던 미술학원 원장이 찾아와 부드러운 목소리로 말했다.

"모든 것이 잘 해결되었어요. 축하해 주세요. 우리 학원이 독립 건물로 이사를 하게 되었어요. 이제 걱정하지 않아도 됩니다."

우리의 입에서는 그저 감사의 기도가 흘러나왔다.

"오, 하나님의 능력은 참으로 오묘하십니다. 하나님의 섭리는 우리의 지혜로는 측량할 수 없습니다. 하나님을 찬양합니다."

지루하게 끌어 오던 분쟁들이 모두 마무리 되자 긴장이 풀렸다. 게다가 숨 가쁘게 잔금을 치르고 임차인들의 보증금을 지불한 상태라 이제 좀 쉬고 싶은 마음이었다. 자금도 바닥난 상태였기에 좀 더 때를 기다리면서 여유를 가지고 다음 일을 준비했다.

그러나 하나님은 우리의 생각과 달랐다.

메시지
삼위 하나님의 보증

요한계시록 1:4-6

사도 요한은 소아시아에 있는 일곱 교회에 편지를 보내면서, 삼위 하나님 한 분 한 분에 대한 중요한 설명을 해주고 있지요. 이것은 그들을 도우실 하나님의 특별한 손길을 암시해 주고자 한 것입니다.

첫째, 하나님은 영원히 존재하시는 분이십니다.

여기서 사도 요한은 하나님을 '이제도 계시고, 전에도 계셨고, 장차 오실 이'라고 소개합니다. 이것은 한마디로 영원히 계신 하나님이라는 뜻이지요. 구약의 이스라엘 백성들에게 자신을 '여호와'라고 하신 것은 결코 다른 피조물과는 다른, 영원 전부터 계시고 이 세상의 모든 것을 창조하신 주인임을 나타내신 이름입니다. 하나님은 지금 일어나고 있는 모든 일들을 보고 계시기 때문에, 허용 범위를 넘어선 죄의 세력은 어느 한순간에 몰락할 것이 분명합니다. 그리고 하나님은 장차 오셔서 이 세상을 심판하실 분이지요. 우리 눈에 보기에는 악의 세력이 득세하고 모든 것을 지배하는 것 같지만, 하나님의 통치는 잠시도 정지되지 않고 계속되고 있는 것입니다.

둘째, 성령님은 언제나 하나님에게서 영원히 나오는 분입니다.

보통 삼위 하나님의 순서는 성부, 성자, 그리고 성령 순으로 표현하지요. 그런데 지금 사도 요한은 성자 대신 성령을 앞세워 소개합니다. 아마 이것은 그리스도를 좀 더 부각시키면서, 구체적으로 설명하려는 의도인 것 같습니다. 성령님은 우리 안에 오셔서 역사하시지만, 그 본질은 하나님께 있습니다. 그래서 우리는 언제나 성령의 새로운 인도하심을 받기 위해 간구하고 의지해야 합니다. 사도 요한이 '그 보좌 앞에 일곱 영'이라고 표현한 것처럼, 성령님은 각 교회를 하나님의 능력으로 충만하고 풍성케 하실 것입니다.

셋째, 우리 주 예수 그리스도는 충성된 증인이 되십니다.

사도 요한은 예수님을 '충성된 증인'으로 증언하고 있지요. 이것은 예수님께서 하나님이 주신 진리를 끝까지 증거했고, 그 진리를 믿어 죽기까지 순종하셨기 때문입니다. 만일 예수님께서 진리를 전하실 때 사람들의 반응이 좋지 않아서 그 사역을 포기하셨다면 어떻게 되었을까요? 아마도 우리의 구원은 이루어질 수 없었겠지요. 그래서 사도 요한은 그리스도보다 더 충실한 진리의 증거자가 없다고 말합니다. 따라서 그리스도의 종들은 예수님처럼 진리를 자기 생명으로 알고 증거해야 합니다. 우리 주님은 영원한 영광을 위하여 한순간의 죽음의 고통을 참으셨습니다. 그가 잠시 사망의 비참한 자리까지 낮아지셨지만, 주께는 영원한 존귀와 영광이 예비되어 있었던 것이지요.

대속제물이 된 우리 주님은 죽음의 결과로 교회의 머리가 되시고, 땅의 임금이 되셨습니다. 그러나 지금 마귀는 악한 사상을 세상에 불어 넣어서 모든 임금의 머리이신 예수 그리스도를 반역하고 사람들을 속아 넘어뜨리려 합니다.

37 어떤 관점으로 보십니까?

필립 얀시의 책 〈기도〉 중에 나오는 알렉산더 슈머만의 일화입니다. 그는 프랑스 파리에서 약혼자와 함께 지하철을 타고 가다 마음의 눈을 번쩍 뜨게 하는 경험을 하게 됩니다.

어느 역에선가 늙고 추레한 여인이 구세군 복장을 하고 전동차에 올라탔습니다. 두리번거리며 빈자리를 찾는 노파가 거슬렸던지 두 연인은 흉측하고 불쾌한 노인네가 아니냐는 투로 러시아어를 주고받으며 쳐다봅니다. 몇 정거장을 지나자 노파는 일어나 출구로 나가면서 두 사람을 향해 완벽한 러시아어로 점잖게 말하는 것이었습니다.

"나도 젊었을 땐 이렇게 추하지 않았다오."

러시아 정교회 사제로 개혁운동을 이끌었던 알렉산더 슈머만은 학생들에게 젊은 시절에 경험한 이 이야기를 들려줄 때마다 그 노파를 가리켜 하나님이 보낸 천사였다고 말합니다. 노구의 한 여인이 그의 눈을 열어주었고 어쩌면 평생 잊을 수 없는 방식으로 잃었던 시력을 회복시킨 것입니다.

우리에게 하나님과 같은 관점을 갖도록 시력을 회복시켜 줄 수 있는 것은 오직 기도뿐입니다. 세속에 찌들어 눈을 가렸던 비늘이 떨어지기 전에는 자신만의 세계에 갇힌 이면에 무서운 위험이 도사리고 있다는 것을 알지 못합니다.

그런데 기도할 때 세상이 추구하는 그것이 삶의 궁극적인 목표가 될 수 없다는 사실을 깨닫게 됩니다. 또한 인간 존재의 가치를 판단하는 기준은 부귀와 영화나 지위가 아니라 한 사람 한 사람에게 내재된 하나님의 형상이라는 진리가 새롭게 다가옵니다.

체험
37

　하나님은 기도처가 빨리 세워져 기도가 필요하고 목말라하는 영혼들을 만나길 원하셨다. 2006년 7월1일부터 또 내부 설계를 하고 인테리어 자재를 사들였다. 이 일을 진행하면서 하나님께서 왜 이렇게 건축을 재촉하실까하는 것이 큰 의문이었다. 푹푹 찌는 한여름 무더위 속에 서둘러 내부 공사를 하도록 밀어붙이시는 의도가 무엇일까 궁금했다.

　나는 재정적으로 힘든 상황임에도 예수님 다시 오실 때까지 손질하지 않아도 될 최고의 기도 시설을 만들겠다고 다짐했다. 단식하며 기도하는 분들의 건강을 생각해 새집 증후군이 전혀 나타나지 않도록 최고급 재료를 사용하고 게르마늄 광산을 운영하는 한 권사님을 보내셔서 8t 트럭으로 어마어마한 양을 실어오게 하셨다.

　전체 바닥은 천연 대나무로 깔고 모든 벽면은 태평양 심해에서 캐낸 규조토인 산호석으로 처리했다. 복도와 천정에는 예수님 그림으로 유명한 김용성 화백이 대형성화를 그려 단식관의 이미지가 전달되도록 했다. 한 두 달이면 충분히 끝낼 수 있는 내부 인테리어 공사가 1년이나 걸렸다.

메시지 교회를 위한 사도적 축복
요한계시록 1:4-6

밧모섬에 유배된 요한은 환상 중에 성도들을 위해 싸우시는 주님의 모습을 보았지요. 그리고 치열한 영적 전쟁에서 승리하여 영광중에 다시 오실 그리스도를 보게 되었습니다. 이때 요한의 입에서는 힘찬 찬송이 자연스럽게 터져 나옵니다.

첫째, 사도 요한은 먼저 죄에서 해방된 기쁨을 노래합니다.

원래 사탄의 감옥에 있던 자들을 예수님께서 십자가에 달려 죽으심으로 그 죄에서 해방시켜 주셨지요. 그래서 우리가 예수를 믿을 때에 과거에 이미 이루어진 그 일로 인하여 즉시 자유함을 누리게 되는 것입니다. 그러나 과거에 이루어진 것으로 다 된 것은 아닙니다. 하나님께서 현재 '우리를 사랑하사' 지금 그 하나님의 사랑을 느낄 수 있으며, 어려움에 처할 때 그 사랑은 더욱 강하게 부어지므로 감사하지 않을 수 없겠지요. 그런데 만약 이런 감사의 찬송이 나오지 않는다면, 우리와 하나님 사이에 가로막힌 담이 생긴 것입니다. 그래서 우리는 늘 회개의 기도가 필요합니다.

둘째, 사도 요한은 우리를 나라와 제사장으로 삼으신 주님께 찬양을 올립니다.

여기서 '나라로 삼았다'는 것은 우리를 그 나라의 백성으로 삼으셨다는 뜻이지요. 우리는 하나님의 백성이요, 하나님 나라의 시민권을 가진 자들입니다. 그리고 '제사장'은 죄와 싸우는 자로서, 하나님을 섬기는 직분을 의미합니다. 이스라엘 백성은 이 세상에서 하나님의 제사장이었습니다. 그것은 하나님이 이들을 통해서 온 세상을 부르셨다는 것입니다. 그런데 그들의 불순종과 불신앙으로 옛 이스라엘이 망하고, 하나님께서는 새로운 이스라엘로 교회를 세우셨습니다. 이런 관계로 교회는 이 세상을 축복할 권한이 있으며, 죄악된 세상을 불쌍히 여겨 주시도록 하나님께 대표로 기도할 권리와 의무가 있는 것입니다.

셋째, 사도 요한은 모든 영광과 능력을 그리스도께 돌리고 있습니다.

요한은 지금 주님을 찬송하면서 그 모든 영광과 능력을 그리스도께 돌리고 있지요. 이것은 그가 진정한 왕으로 인정하고 고백할 그분이 누구인지를 밝히는 것입니다. 요한에게 있어서 왕은 죽음에서 부활하신 예수 그리스도 한 분밖에 없었습니다. 영광을 돌릴 대상도, 능력을 간구하고 의지할 수 있는 왕도, 오직 한 분 예수 그리스도밖에 없다는 것이지요. 그러므로 우리 모든 성도들도 요한처럼, 오직 이 한 분 예수님께 충성을 바쳐야 합니다. 그래야 주님이 오셔서 우리들이 어떻게 살았는지 결산할 때 칭찬 받는 성도가 될 것입니다. 주님이 오시면 모든 것이 다 드러날 것이며, 참으로 주님의 뜻대로 행한 것만이 영원히 빛나게 될 것입니다.

그래서 우리는 주님의 능력으로 살아야 합니다. 우리가 기도함으로 주님께 능력을 간구할 때 반드시 이 세상을 이길 수 있습니다.

38 무엇을 찾고 있습니까?

〈로삐아를 찾아서〉는 한국인 최초로 소수 부족어인 메께오 신약성서를 완간하기까지 20여 년간의 선교 사역과 삶을 담은 정제순 선교사의 책 제목입니다. 여기서 '추장'을 의미하는 '로삐아'는 곧 '주님'을 뜻합니다.

은행원의 길을 버리고, 경제학 교수의 꿈을 키우다가 문득 이슬람권 선교사의 꿈을 품고 신학대학원에 들어간 그는 세계성경번역선교회의 선교사가 되고자 훈련을 받게 됩니다. 그리고 영국에 체류하며 아랍, 아프리카 선교의 꿈을 꾸고 있었지만 정작 그가 가족을 이끌고 가게 된 곳은 남태평양 섬나라인 파푸아뉴기니였습니다.

문명화 되지 않은 소수부족이 넘쳐나는 그곳, 돼지를 마을에 놓아기르며 마법과 주술을 믿는 사람들, 언제 찾아올지 모르는 말라리아 같은 풍토병의 위협 속에서도 그는 변함없이 역사하시는 하나님의 섭리를 발견했습니다. 또한 현지인과 함께 부대끼면서 메께오 부족을 보살피시는 하나님의 사랑과 자신에게 주어진 그분의 오묘한 뜻을 알게 된 것입니다.

그러면서 그는 의미심장하게 "이들도 원래 우리와 같이 하나님의 형상으로 지음 받은 하나님의 소유된 자들… 이들은 원래 하나님의 소유였다. 이제 그 형상을 회복시켜야 한다. 회복시켜 원래의 소유주에게 돌려드려야 한다."고 말합니다.

지금 우리가 가야하며 추구해야 할 길은 말 그대로 '사역'이나 '선교'를 위한 것이 아니라 '로삐아', 곧 주님을 찾으러 떠나는 길입니다.

체험
38

우유배달에서 석재공장 경영자로 꿈만 같은 하나님의 축복을 받은 집사님이 해외에서 생산되는 좋은 돌을 찾아 겟세마네 동산에서 기도하시던 예수님의 모습을 조각해 외벽에 붙였다.

모든 자재는 최상의 품질로, 공사자는 최고의 명장을 부르다 보니 재정 부담을 생각지 않을 수 없었다.

그러나 휠체어에 의지한 채 부산에서 서울까지 봉고차를 타고 한밤중에 도착한 여전도사님이 나의 두 번째 책 〈3일 기도의 영적파워〉를 보면서 하나님의 강권적인 명령으로 순종할 수밖에 없었다며 옥합 3백만 원을 가져왔던 일, 약국을 경영하면서 딸의 혼수예물 준비를 위해 모은 것이지만 하나님이 더 필요하시기에 가져 왔다며 눈물을 흘리며 기뻐하던 권사님 등 가장 어려운 가운데서도 뜨거운 은혜와 감동으로 자신의 작은 것을 주님의 손에 올렸던 과부의 두 렙돈과 어린아이의 도시락처럼 오병이어의 역사가 계속 따랐기에 공사는 기적적으로 이루어졌다.

그리고 하나님의 계획은 한치 앞도 내다보지 못하는 현재를 위한 것이 아니라 미래를 위한 것임을 공사가 완공된 후에 깨닫게 되었다.

메시지 다시 오실 주님

요한계시록 1:7-8

성경의 역사관은 분명하고 단호한 것이지요. 마지막 순간 예수 그리스도의 다시 오심으로 모든 것이 끝이 납니다. 그렇지만 그때까지 교회는 진리를 밝히며, 죄악된 세상에서 사람들을 건지는 사명을 감당해야 합니다.

첫째, 예수님은 구름을 타고 다시 오실 것입니다.
'구름을 타고 온다'는 것은 원래 그리스도의 신성을 나타내는 표현이지요. 그러나 여기서는 온 세상을 심판하기 위하여 다시 오시는 것을 말합니다. 예수님은 죽음에서 부활하셔서 온 세상의 왕권을 부여받으셨지만, 이 세상에 대한 왕권을 바로 주장하지 않으셨습니다. 그 이유는 이 세상을 오직 하나님의 말씀으로 구원하시기를 원하셨기 때문이지요. 교회의 머리가 되시는 주님은 이 세상의 어떤 죄나 어려움도 믿음으로 이길 수 있게 하십니다. 그래서 주님이 다시 오실 때까지 교회는 이 세상 속에서 진리로 이기는 싸움을 하고 있는 것입니다.

둘째, 예수님은 온 세상이 볼 수 있도록 공개적으로 오실 것입니다.
예수님이 처음 오실 때에는 아무도 모르게 은밀하게 오셨지요. 그러나 다시 오실 때에는 전혀 다른 모습으로 오실 것입니다. 여기에 보면, '그를 찌른 자들도 볼 터이요'라고 한 것은 굳이 예수님을 직접 창으로 찌르거나 못 박은 자로 한정된 것이 아닙니다. 이것은 예수님을 미워하고 대적한 사람들을 총망라해서 부른 것이지요. 그런데 이 말은 직접 예수님을 찔렀던 그 병사도 죽은 자리에서 살아나서 예수님의 재림을 보게 된다는 뜻을 포함하고 있습니다. 그러니까 내가 예수님의 재림 시에 생존하느냐 못하느냐 보다도 각자 자기 시대에서 살았던 자신의 삶을 가지고 주님 앞에서 심판을 받게 된다는 것입니다.

셋째, 하나님은 알파와 오메가가 되십니다.
여기서 '알파'는 헬라어 첫 글자요, '오메가'는 마지막 글자입니다. 그래서 하나님은 모든 것을 있게 하신 분이시며 또한 모든 역사를 매듭지으실 분이라는 뜻으로 강조한 표현이지요. 하나님은 이 세상에 있는 모든 것들의 알파가 되십니다. 그렇다면 이 세상에 하나님 없이 만들어진 것은 하나도 없다는 말씀이겠지요. 그러므로 마지막에는 모든 것을 하나님의 계획과 방식으로 수습하시고 뜻하신 모습을 되찾게 됩니다. 이것이 하나님의 오메가입니다. 그래서 교회가 눈에 보이는 피조물 앞에 무릎 꿇지 말아야 할 것은 이 세상을 이기는 방법이 오직 하나님 한 분만 두려워하는 것이기 때문입니다.

교회가 오직 하나님만 두려워하고 오직 그에게만 영광을 돌릴 때 위협에 처하기도 하겠지만, 하나님이 반드시 우리에게 이김을 주신다는 확신을 갖게 됩니다. 이것이 신앙이지요. 교회가 사람을 두려워할 때 가시적인 교회는 있어도 그 안에 살아 있는 생명력은 사라질 것입니다. 그러므로 우리는 오직 하나님만을 두려워하는 신앙을 지켜야 합니다.

39 이렇게 싸우면 어떻겠습니까?

　세계적인 사회학자이면서 인간생태학 분야의 최고 권위자인 코넬대학 칼 필레머(Karl Pillemer) 교수는 5년이란 긴 시간을 투자하여 노인들을 만나면서 그들이 깨달은 소중한 가치를 〈내가 알고 있는 걸 당신도 알게 된다면〉이란 책에 담아냈습니다. 그중에 성공적인 결혼생활을 하려면 받는 것보다는 더 많이 베푸는 데 익숙해져야 한다고 말하면서 현명한 부부싸움에 대한 조언을 해줍니다.

　"논쟁을 하다가 문제가 생기면 함께 집 밖으로 나와라." 의견이 맞지 않는 상황일 때는 장소를 바꾸면 소통하는 데 도움이 된다는 것입니다. "먼저 화를 풀 방법을 찾고 그러고 나서 이야기하라." 글을 쓰게 되면 갈등을 완화하고 문제에 대해 올바르게 논의하는 능력을 길러주며, 화가 나면 충동적으로 대처하는 것보다 일단 한 걸음 물러서는 것도 좋은 방법 중 하나가 됩니다. "위험 요소를 없애라." 이것은 예기치 못한 돌발 상황을 예방할 수 있습니다. "상대의 말에 귀 기울여라." 상대의 말을 들어주고 그 사람이 하고 싶은 말을 다 하도록 해준 다음, 상대가 말을 끝내면 '그럼 어떻게 했으면 좋겠어? 또는 어떤 식이 옳은 방법일까?' 하면서 물어보는 것입니다.

　그리고 화가 잠재된 상태는 건강에 치명적인 만큼 "화난 채로 잠자리에 들지 말라"고 충고합니다. 언제나 대화를 통해 갈등 요인을 찾고 누군가 더 중요한 쪽의 의견을 존중할 줄 아는 사람이 이 시대의 참 이스라엘, 곧 성숙한 그리스도인입니다.

체험
39

2007년 7월 14일, 감격스런 입당예배를 드렸다. 그리고 몇 달이 지나지 않아 미국발 금융위기로 건축회사가 도산하고 모든 원자재 값이 폭등했는데 하나님이 공사를 서두르도록 하신 이유를 비로소 알게 되었다.

현실이 어렵다고 피하기만 하면 승리할 수 없다. 고난을 피하는 것은 어리석은 일이다. 우리는 하나님의 치밀하신 섭리 앞에 무릎 꿇고 감사의 찬양을 드렸다.

기도는 응답받게 되어 있다. 우리 인간이 기다리지 못할 뿐이다.

최고의 친환경적 시설을 갖춘 요나3일영성원은 많은 신앙인들의 영적 성장의 산실로 이름이 나기 시작했다. 이곳에서 단식하며 기도하는 가운데 숱한 이적과 기적의 간증들이 쏟아졌다. 특히 도심에 자리한 기도의 요새로 인식되어 깊은 영성의 기도를 원하는 분들이 찾아오는 곳으로 자리를 잡기 시작했다.

이곳을 거쳐 간 수많은 성도들이 하나님과의 관계를 회복하고 응답을 받고 치유를 경험한 사례들을 일일이 정리하자면 끝도 없을 것이다. 머리에 바로 떠오르는 두 분만 정리해 보려고 한다.

요나3일영성원 설립 초기에 오신 K집사님 간증이다. 경영하던 회사가 적자 속에 허덕이고 부동산과 증권의 부실투자로 크게 고심하던 그였다. 여기에 갑자기 군 시절 다친 뇌 후유증까지 발생해 발작이 자주 일어났다. 몸과 마음, 물질이 모두 힘든 상태에서 우리 영성원을 찾아오게 되었다.

메시지 고난 중의 위로

요한계시록 1:9-11

밧모 섬에 있는 요한은 먼저 고난에 처해 있는 자신의 상태를 말해주고 있지요. 젊은 사람들에게도 힘든 강제 노역장으로 보내졌지만, 노구의 사도는 그런 고통 가운데서 큰 위로를 받게 됩니다.

첫째, 사도 요한은 '예수의 환란'에 동참한 자신을 자랑합니다.

여기서 '예수의 환란'은 '예수로 인하여, 예수님 때문에' 당하는 환란을 말합니다. 신앙생활을 하면서 주님의 말씀대로 살려고 하다보면, 어쩔 수 없이 환란을 당할 때가 있습니다. 사탄의 세력이 이 세상의 모든 권세와 힘을 사용하여 하나님의 백성을 핍박하고 있기 때문입니다. 그래서 사도 요한은 예수로 인하여 이런 고난에 동참하고 있는 교회를 생각하면서 자신을 형제라고 표현합니다. 하나님께서는 우리의 신앙을 확인해 보시기 위해서, 이런 사탄의 세력을 남겨 두십니다. 그러므로 참된 신앙은 고난을 통과해야 확인되는 것입니다.

둘째, 사도 요한은 주의 날에 성령의 감동하심을 받았습니다.

사도 요한은 "주의 날에 내가 성령에 감동하여 내 뒤에서 나는 나팔 소리 같은 큰 음성을 들었다"고 말합니다. 여기서 '주의 날'은 현재 우리가 지키고 있는 주일과 같은 날을 말하는 것이지요. 그러니까 요한이 계시록을 쓸 당시에는 이미 주의 날에 정기적인 모임을 가졌던 것으로 보입니다. 그런데 이 주의 날에 성령의 감동이 요한에게 임한 것입니다. 오늘 우리들도 주일의 예배와 성도의 교제를 통하여 성령의 감동을 받아야 합니다. 그래야 이 세상을 이길 수 있는 능력을 받게 되고,

이 세상과의 싸움에서 승리할 것입니다.

셋째, 사도 요한은 일곱 교회에 보낼 위로와 경고의 메시지를 받았습니다.

영적인 감동 상태에 있던 사도 요한은 뒤에서 들리는 나팔 소리 같은 큰 음성을 듣게 되었지요. 이 소리가 나는 뒤를 바라보는 순간 그곳에 영광스러운 주님의 모습이 보였습니다. 얼마나 감격스럽고 반가운 만남이었을까요? 그렇지만 요한의 눈앞에 펼쳐진 현실은 너무나 절망적인 상황이었습니다. 지금 교회는 붕괴되어 가고, 로마 황제의 교만은 극도에 달한 상태입니다. 이제 얼마 있지 않으면 믿는 자가 없을지도 모른다는 불안한 느낌이 듭니다. 그러나 아주 크고 분명한 그 소리는 "너 보는 것을 책에 써서 에베소 교회를 비롯한 소아시아 지역의 일곱 교회에 보내라"는 것이었습니다.

지금 우리들도 보잘것없는 자신의 모습에 실망하고, 패배했다는 좌절감에 힘을 잃어버린 것은 아닙니까? 우리를 향하여 나팔 소리 같은 그 큰 소리로 정신을 차리게 하시는 주님의 음성을 들어야 합니다. 오늘 우리가 나팔 소리 같은 하나님의 말씀을 들을 때 성령께서 우리 영혼을 깨우실 것입니다. 우리가 고난 가운데 주님의 약속을 믿고 인내할 때 주님의 위로가 있고, 우리를 향한 주님의 모든 뜻이 이루어집니다.

40
52

4
52주 요나체험

하늘에 속한 자의 축복

"하늘에 속한 자는 하나님의 위대하심을 선포해야 합니다.
이스라엘 백성들은 가나안 땅에 들어간 후 첫 열매를 가지고 하나님께 나아옵니다.
제사장은 그것을 가지고 선포합니다.
선포된 내용은 이스라엘의 역사적인 뿌리와 그들의 모든 비참한 과거까지 다 언급된 것을 보게 됩니다.
이스라엘 백성들의 뿌리는 보잘 것 없습니다.
그들에게 있어서 중요한 것은 전적인 하나님의 역사하심 뿐입니다.
사람은 누구나 자기의 수고와 공로의 지배를 받게 됩니다.
그러나 도저히 내 힘으로는 할 수가 없는데도 축복하신 것을 믿게 될 때 하나님의 위대하심을 선포하게 될 것입니다."

40 무엇을 붙들고 있습니까?

　최근의 지진 도미노와 일본 화산폭발 소식에 우리는 혼란스러워 합니다. 게다가 갑작스레 뇌졸중으로 쓰러졌다 회복 중이거나 암과 싸우는 가족이 있다면 이토록 고통스런 세상에서 '하나님은 왜 가만히 계실까'하는 의문마저 품게 될 것입니다.
　이런 인간의 깊은 갈망과 난해한 의문점들 혹은 내면의 두려움 등을 구체적인 구도의 소리로 탁월하게 육화시키는 작가로 '필립 얀시'를 꼽게 됩니다. '캠퍼스 라이프'와 '크리스채너티 투데이'지에서 저널리스트로 일한 경험을 살려 신앙의 확실성보다는 신비 때문에 고민하는 이들에게 공감과 희망을 불어넣고 새로운 차원의 확신을 부여해 주는 것은 그의 특별한 재능이기도 합니다. 그의 책 〈하나님, 제게 왜 이러세요?〉에서 그는 "책이 고통의 문제를 해결할 수는 없지만, 고통의 땅에서 상처받은 세상을 위한 위로와 소망의 메시지가 그리스도인들에게 있다면 우선 책을 통해 전달되어야 한다"고 말합니다.
　그러면서 "욥처럼 우리가 할 수 있는 것은 '큰 그림'을 가지신 하나님을 신뢰하면서 우리의 '작은 그림'을 살펴보고 온갖 불신앙의 증거에도 불구하고 믿음을 붙드는 것이다. 믿음은 미래로 가서 되돌아볼 때 비로소 이해될 수 있는 것을 미리 믿는 것이다"라는 믿음의 표현으로 살가움을 더해줍니다.
　변화무쌍한 현실 속에서 누구나 가질만한 의심과 갈등은 있겠지만 무엇을 붙들고 살아가느냐에 따라 그 결과는 충격적일 만큼 달라질 것입니다.

체험
40

거의 모든 것을 잃고 자포자기하는 심정으로 영성원을 찾아온 K집사에게 내가 해 줄 수 있는 말은 기도하라는 말밖에 나오지 않았다. 이미 나이가 50대 후반이라 새로운 일을 시작하기엔 무모해 보였다.

나는 그에게 1,000일을 기도하라고 했고, K집사는 순종했다. 그는 매일 출근하듯 집회시간에 맞춰 나와서 뜨겁게 기도했다. 어렵던 회사는 IMF를 거치면서 결국 문을 닫았고 자신이 투자했던 자산은 모두 반토막 났으며 매일 약을 먹어야 할 정도로 허약해져 있었다.

"지하철을 기다리다 뛰어내려 죽고 싶을 때가 한 두 번이 아니다"는 그의 말에 아찔한 느낌이 들기도 했다.

한번은 입이 심하게 돌아가 입원을 했다. 담당의사는 큰 소리를 지르거나 노래를 부르면 더 악화된다고 처방을 내렸다. 그러나 나는 오히려 반대의 처방을 내렸다. 그에게 찬송가 100곡을 암송해 예배의 찬양 인도자가 되라고 했던 것이다. 그러자 그는 역시 '아멘'으로 순종했다.

메시지 부흥의 회복

역대상 1:1-54

이스라엘 자손들은 바벨론에 포로로 붙들려가고 말았지요. 이렇게 나라를 잃었고, 성전도 불타버렸으며, 백성들은 뿔뿔이 흩어져 유다 자손의 정체성마저 상실되고 있는 암울한 시점에서 주신 말씀이 바로 역대기입니다.

첫째, 위기 속에서도 위대한 신앙을 소망하는 자들을 통하여 부흥의 싹이 돋아납니다.

비록 포로 된 가운데 하나님의 말씀을 붙들고 이스라엘의 위대한 신앙이 다시 살아나기를 소망하는 자들이 있었지요. 이런 뜨거운 신앙을 가진 사람이 가장 많았던 부류가 제사장의 후손인 레위지파였습니다. 이들은 우리가 이렇게 정신없이 살아서는 안 되고, 반드시 영적인 부흥을 다시 일으켜야 한다는 인식으로 역대기를 기록하게 된 것입니다. 그래서 역대기는 제사장 입장에서 기록되었으며, '이스라엘의 부흥과 회복'이라는 정신이 전체 속에서 흐르고 있습니다. 이스라엘의 신앙이 되살아나기 위해서는 가장 먼저 제사장이 정신을 차려야 하고, 말씀으로 준비가 되어야 한다는 것입니다.

둘째, 하나님의 백성은 오직 성경적 가치관만을 신앙으로 고백할 때 부흥이 회복됩니다.

역대기의 기록 배경은 전혀 신앙적이지 않았다는 사실입니다. 바벨론이 전 세계를 지배하던 때였고, 예루살렘 성전은 불타서 폐허가 되고 유다 왕국이 무너지면서 백성들이 포로가 되어 전 세계에 흩어진 시점입니다. 그런데 이런 배경에서 역대기는 오직 성경적 가치관만을 자신들의 신앙으로 고백하고 있다는 데 놀라지 않을 수 없지요. 역대기의 시작은 일체 다른 설명이 없이 "아담, 셋, 에노스" 하면서, 하나님께서 인류를 창조하신 후에 노아 홍수가 일어나기까지 사람들의 이름만 열거합니다. 이것은 나라도 잃고, 영적인 부흥도 잃어버린 유다 백성들이 다시 부흥할 수 있는 유일한 길은 그들이 잃어버렸던 성경적 신앙을 되찾는 것뿐이라는 고백입니다.

셋째, 불신의 시대에 살아도 영적인 부흥을 일으켰던 사람들을 기억하는 것은 중요한 일입니다.

바벨론 제국의 노예로 끌려온 유다 백성들의 생각은 오직 생존에 있었겠지요. 아마도 많은 유대인들은 하나님을 버리고 세상을 따라가야 살 수 있다고 생각했을 것입니다. 그러나 역대기는 이방 땅에서도 부흥을 위해서 사는 사람들이 바로 하나님의 백성이고, 그들이 다시 부흥할 수 있는 길은 오직 성경적 신앙을 되찾는 길이라고 말합니다. 그러면서 철저한 불신의 시대에 살았던 믿음의 조상들 가운데서 영적인 부흥을 일으켰던 것을 기억하여 그들의 시절로 돌아갔다고 생각하자는 것입니다.

이것이 바로 오늘 우리가 사는 길입니다. 결국 하나님은 이스라엘만의 하나님이 아니라, 온 우주의 하나님이십니다. 전 세계 가운데서 우리가 사는 길은 하나님의 말씀을 붙들고 영적인 부흥을 일으키는 것입니다.

41 얼마나 허무한 일입니까?

　법률 공부를 시작하다 1870년에 일어난 보불전쟁으로 학업을 중단하고 군에 지원 입대한 기 드 모파상은 전후 심한 염전사상에 사로잡히고 말았습니다. 그는 이것을 계기로 문학 지망의 결의를 굳히게 되었고, 특히 그의 단편소설 '진주 목걸이'는 허영에 들뜬 현대인들에게 뜨끔한 교훈을 줍니다.

　주인공 마틸드 로와젤 부인은 초대받은 파티에 가기 위해 친구 포레스터 부인에게 목걸이를 빌렸다가 잃어버립니다. 그녀는 어쩔 수 없이 빚을 얻어 4만 프랑이나 하는 똑같은 목걸이를 사다 주었습니다. 그 빚을 다 갚기 위해 10년 동안 전전긍긍했던 그녀를 우연히 만난 친구가 그간의 사실을 알고 감동하여 로와젤 부인의 손을 꼭 쥐며 이렇게 말합니다.

　"어떡하면 좋아, 친구야! 내가 너에게 빌려주었던 그 진주목걸이는 모조품이었어. 그것은 기껏해야 5백 프랑밖에 나가지 않는 것이었는데 너는 그것 때문에 그 많은 세월을 고생했구나!"

　인생의 참된 가치를 일깨워준 작가 모파상의 삶은 누구나가 부러워할 만한 것이었습니다. 지중해에 떠 있는 개인 요트, 노르망디의 저택과 파리의 호화 아파트 그리고 평생 쓰고도 남을 거액의 은행 잔고…. 그러나 43세를 일기로 세상을 떠난 그의 묘비에는 그가 반복해서 했던 말이 적혀 있습니다.

　"나는 모든 것을 갖고자 했지만, 결국 아무것도 갖지 못했다."

　우리 인생에서 길과 진리와 생명 되신 하나님의 아들 외에는 모두 모조품에 불과합니다.

체험
41

　그날부터 지금까지 10여 년이 지나도록 그는 요나3일영성원의 찬양 인도자로서 평신도 사역을 잘 감당하고 있다. 그는 "서울대 상대를 나온 대학 동기들이 정·재계의 화려한 직장을 은퇴한 후에 설 자리가 없어 고민하는데 73세의 나이에 건강을 회복하고 200여곡의 찬송을 암송, 매일 10곡씩 이곳에서 찬양을 인도할 수 있으니 얼마나 큰 축복을 받았는지 말로 다할 수 없다"고 감격해 하며 기뻐한다.

　2005년에는 한 젊은 가장이 영성원을 찾았다. 그는 경제적으로 너무 어려운 상태라 내일에 대한 소망도 없이 어둡고 긴 터널을 지나고 있었다. 결국 맞벌이를 하던 아내마저 남편의 과도한 부채 때문에 회사를 쫓겨나듯 그만 두게 되었고, 월세 집마저 쫓겨나 길바닥에 내몰리고 말았다.

　그는 아내와 세 살배기 아들을 부모님께 부탁하고 대리운전, 인터넷전화 영업 등 닥치는 대로 일하며 찜질방을 안식처로 삼았다. 그러던 중 수입도 없는 상태에서 무모하게 전기 절감기 연구에 몰두했다. 아들의 처지를 보며 참다못한 그의 어머니가 요나3일영성원을 소개했고 쫄딱 망한 신세인지라 강압에 못 이겨 오게 되었다.

메시지 번성하는 불신앙의 곁가지들

역대상 1:5-27

하나님께서 영적인 축복을 위해서 준비하신 뿌리는 이상할 정도로 잘 자라지 않는 듯하지요. 그런데 놀라운 것은 홍수 심판이 끝나자마자 그것도 노아와 함께 믿음으로 방주를 지었던 아들의 자손에서부터 불신앙의 가지가 자라나 번성한 것입니다.

첫째, 야벳은 신앙이 좋았지만, 그의 자손은 신앙의 자녀들이 아니었습니다.

야벳은 아들만 일곱을 낳았지요. 옛날에는 사람의 수명이 길었기 때문에 보통 한 가정에 이삼십 명 정도는 태어났을 것입니다. 그런데 야벳이 낳은 아이들은 신앙의 자녀들이 아니었습니다. 여기서는 야벳의 아들들 중에서 두 아들, 즉 고멜과 야완의 족보만 소개합니다. 이것이 역대기의 특이한 점으로 족보를 다 적는 것이 아니라, 그중에서 발췌를 해서 적었다는 것입니다. 야벳의 후손들은 믿음이 없는 사람들이었지만, 그들 중에는 이름이 지명으로 남아 있을 정도로 세상에서 번창했고, 지역과 도시를 이루는 데 성공을 한 것입니다.

둘째, 성경은 함의 후손에 대하여 주의를 기울이고 있습니다.

함의 후손에게 특별히 관심을 갖게 되는 것은 그들이 나중에 이스라엘 백성들과 가장 적대적인 관계를 맺었기 때문이지요. 아버지 노아가 포도주에 취해서 부끄러운 줄 모르고 자고 있을 때, 함은 이 모습을 보고 형제에게 가서 이 사실을 전해 줍니다. 그는 거침없이 아버지에 대한 흉을 보았던 아들입니다. 함의 아들들은 아프리카를 거점으로 나라를 이루게 되었고, 그중에서도 가나안은 장차 이스라엘 백성들과 두고두고 싸우게 될 가나안 족속이 됩니다. 그들은 일찍부터 나라를 이루고 도시를 건설하고 있었지만, 하나님께서는 이들을 멸망의 자식들로 정하셨고, 이스라엘 백성들에게 멸망당하게 하십니다.

    셋째, 셈의 자손들 중에서도 믿음의 뿌리는 한 명 밖에 없습니다.
    역대기에서는 셈에서부터 아브라함에게 이르는 믿음의 뿌리를 기록하고 있지요. 셈도 무려 아홉 명의 아들을 낳았는데, 그중에서 믿음의 뿌리는 아르박삿 한 명 뿐이었던 것입니다. 그런데 벨렉 때 큰 지진이 일어나면서 땅이 갈라지게 된 것을 보면 아마 이때도 죄의 뿌리가 너무 많이 퍼지니까 하나님께서 지진으로 경고를 하신 것으로 보입니다. 믿음의 뿌리 벨렉은 자식을 많이 낳지 못했지만, 그의 동생 욕단은 엄청난 아들을 낳았습니다. 그러고 나서 한참 뒤에야 비로소 믿음의 계보가 등장합니다.

    믿음의 뿌리는 참으로 귀하다는 것을 보게 됩니다. 세상의 가라지는 빨리 자라고 널리 퍼지는데 비하여 믿음의 뿌리는 겨우 한 세대에 한 명씩 대를 이어서 내려오는 정도입니다. 그러나 그동안 잠잠하던 믿음의 계보가 아브라함 때에 큰 부흥의 꽃을 피우게 된 것은 그가 오직 하나님의 말씀만 붙들었기 때문입니다.

42 어떻게 가르치고 있습니까?

　기독교 교육의 부재와 함께 진리를 전달하는 교사의 부족을 탓하는 이 때를 위하여 하워드 핸드릭스(Howard G. Hendrix) 교수는 〈삶을 변화시키는 가르침〉에서 7가지 교육 원리를 제시하며 원론적인 방법과 실제의 지침을 설명해 줍니다.

　기독교 교육 운동의 선구자요, 삶을 변화시키는 메시지를 전하는 강력하고 역동적인 성경 교사였던 그는 "당신이 소명을 받은 유능한 교사로서 성공하는 것은 이 원리들을 알고 있는가에 달려 있는 것이 아니라, 당신의 인격과 삶 속에서 하나님의 능력에 대해 얼마나 열려 있는가에 달려 있기 때문이다. 중요한 것은 당신이 하나님을 위하여 무엇을 하느냐가 아니라 그분이 당신을 통하여 무엇을 하시게 하느냐이다"라고 말합니다.

　이 말은 가르치는 자들의 임무로써 배우는 자들에게 감명을 주는 것이 아니라 영향을 주며, 그들을 납득시키는 것이 아니라 변화시킬 수 있어야 한다는 것입니다. 그러기 위해서 우리는 한낱 자기가 통달한 지식을 나열하는 데 그치는 안일하고 열매 없는 교육 방식에서 벗어나야 합니다.

　"나는 위대한 사람이 아니다. 단지 예수 그리스도의 종이며 그게 전부이다"라고 말하는 핸드릭스는 이 기본 원리를 충분히 이해하고 적용한다면 연령층과 과목과 문화적 배경을 넘어 다른 사람들의 삶을 영원히 변화시킬 수 있을 것이라고 주장합니다. 이 원리에 가르치고자 하는 열정까지 합쳐진다면, 우리 모두는 삶을 변화시키는 교사가 될 수 있을 것입니다.

체험
42

집회에 참석한 그에게 내가 권하여 3일 단식과 7일 보호식까지 온전히 열흘의 기도를 마친 후 상담을 했다. 그때 나는 그의 어머니의 원대로 형편에 맞게 통신과정의 신학교에 입학할 것과 지금 하고 있는 전력 절감장치 개발 연구를 계속하면 좋겠다고 조언해 주었다. 어머니는 아들의 무모한 연구를 말려줄 것을 기대했는데 그 반대가 된 셈이었다.

이때부터 그는 기도하면서 활기를 찾아 마침내 기대하던 제품을 개발, 특허를 받아 미국을 비롯한 전 세계 30여 개국 이상에 특허 등록을 마쳤다. 이렇게 시작된 그의 기업은 중국과 멕시코 등지에서 주문이 들어오면서 판로가 열렸다. 2008년도에는 융자를 받아 사업을 확장한 지 6개월 만에 대출자금을 모두 상환하는 기적의 주인공이 됐다.

국내선 비행기도 타보지 못했던 그에게 이제는 한 달에도 몇 차례씩 미국을 비롯한 동남아, 유럽 등 해외 출장을 위해 국제선 항공기를 태우시는 하나님께 그는 늘 감사드리면서 초심을 잃지 않고 주님이 세우신 회사 '이엔포스'를 하나님의 기업으로 계속 키워가고 있다.

하나님은 오늘 우리의 기도에 100% 응답하신다. 그러기에 우리가 해야 할 것은 하나님께서 응답하실 때까지 오직 기도하면서 그분의 뜻을 찾는 것뿐이다.

메시지 | 불신앙의 번성이 보여주는 교훈

역대상 1:28-54

노아의 후손에서부터 자라난 불신앙의 가지에 이어서 이제 두 번째 가지를 소개해 주고 있지요. 그것은 다른 사람이 아닌, 가장 아름다운 부흥의 꽃을 피웠던 아브라함에게서 나온 곁가지였습니다.

첫째, 하나님의 약속을 끝까지 믿지 못할 때 곁가지가 생깁니다.
아브라함은 오직 하나님의 말씀을 붙들었지만, 첩에게서 난 자식들이 문제였지요. 그는 하나님으로부터 하늘의 별처럼 많은 자손을 주시겠다는 약속을 받았습니다. 그러나 그는 늙을 때까지 아들을 얻지 못합니다. 그러다가 사라의 여종인 애굽 여자 하갈을 첩으로 맞아서 낳은 아들이 이스마엘입니다. 그런데 바로 이 아들이 문제의 불씨가 됩니다. 믿음의 사람은 믿음의 씨앗을 하나라도 둘까 말까 하는데, 이스마엘은 열 두 명이나 되는 아들을 낳았습니다. 그런데다가 이 불신앙의 뿌리는 놀랍게도 세상에서 모두 성공하여 나라나 족속을 이루어서 어떤 도시를 세우는 것을 보게 됩니다. 아브라함은 늙어서 '그두라'라고 하는 첩까지 두게 되는데, 거기서도 많은 자손들이 생겼습니다.

둘째, 하나님 중심의 신앙에서 벗어날 때 곁가지로 뻗어갑니다.
역대기에서는 세일의 일곱 아들과 그 아들들의 아들들까지 기록하고 있지요. 어쩌면 에돔의 원주민이었던 세일이 에서의 자손에게 흡수되어 강력한 에돔 족속을 형성했을 수도 있기에 이렇게 자세히 기록하고 있는지도 모릅니다. 이 에돔은 언제나 유다 백성들에게 가시 같은 존재였습니다. 이스라엘이 애굽에서 열심히 종살이하고 있는 동안에 에돔 땅에는 왕이 있었지요. 왕조가 여러 대에 걸쳐서 이어졌고, 그중에는 아주 유명한 왕들도 나왔습니다. 그런데 안타까운 것은 불신앙의 곁가지들이 온 세상을 뒤덮고 있는데도 아직 하나님의 백성들의 뿌리는 나라 하나도 이루지 못했다는 것입니다.

셋째, 그렇다면 왜 이렇게 믿음의 뿌리는 더디게 자라는 것일까요?

아담에서 노아까지, 믿음의 사람들은 극소수였습니다. 믿음의 뿌리는 한 세대에 겨우 한 명 있을까 말까 할 정도입니다. 하지만 이 믿음의 뿌리로부터 난 가라지는 무서울 정도로 자라 온 땅을 가득 채울 지경입니다. 이스라엘 백성들이 출애굽할 때까지 그들은 여전히 다른 민족의 종살이를 하고 있는 상태였습니다. 우리는 이것을 보면서, 사람이 하나님을 믿는 믿음을 가지고 살아간다는 것은 사람의 힘으로는 불가능하다는 것을 깨닫게 됩니다. 그러니까 하나님께서 믿음을 주셔야 하고, 하나님의 능력이 강권적으로 붙들어주셔야 하는 것입니다.

그러나 일단 믿음의 사람이 되면, 그 사람의 위력은 대단합니다. 그래서 역대기의 저자는 우리에게 이런 불신앙의 시대에서도 오직 하나님의 말씀만 의지하고 살아가는 자들이 하나님의 백성이라는 사실을 분명히 전하고 있는 것입니다.

43 어떻게 회복되고 있습니까?

아돌프 히틀러는 게르만 인종이야말로 세계를 지배하도록 운명이 정해진 우수한 아리안 인종이라는 역설로 대중의 마음을 사로잡았고, 이 영광스런 운명에 장애 요인이 된다며 홀로코스트라 불리는 유대인 대학살을 감행했습니다.

교회도 정치적 목적에 이용하려는 이 광란의 질주자 앞에 독일의 수많은 교회들이 무릎 꿇었을 때 '이 미친 운전사로부터 핸들을 빼앗아야 할 것'이라며 분연히 맞섰던 한 사람이 있습니다. 그가 바로 디트리히 본회퍼 목사입니다. 독일 당국이 그의 사역과 공적인 발언을 금지시키자 그는 나치에 대항해 투쟁하는 것을 행동의 목표로 삼게 됩니다. 그러나 그가 벌인 저항운동은 사실상 회개를 통한 교회의 성화였던 것이 분명합니다. 그의 책 〈제자도의 대가〉에서 그는 "인간이 되어 십자가를 진 예수 그리스도의 모습을 닮지 않고는 잃어버린 하나님의 형상을 다시 찾을 사람은 없다"라고 말합니다.

플로센뷔르크 수용소에서 야간 즉결재판을 받고 1945년 4월 9일 교수형을 당하던 날 그는 이렇게 기도했습니다. "이것이 마지막입니다. 그러나 나에게 있어서 삶의 시작입니다."

수용소 의사였던 피셔 휠슈트룽은 "처형 직전 무릎을 꿇고 기도하는 본회퍼의 태도에 깊은 감동을 받았으며 하나님께서 그의 기도를 들으신다는 것을 확신했다"고 고백했습니다.

이 시대의 등불인 교회는 악의 세력에 침묵하지 않고 성경말씀을 통하여 배운 대로 살려고 몸부림쳤던 참된 순교자들의 고귀한 유산입니다.

체험
43

 나 역시 홀로 된 여자 목회자이지만 요나3일영성원을 이끌면서 홀사모 회원들을 돕고, 그들을 돌본다는 것이 생각보다 쉽지 않았다.
 그러나 이 일은 누군가가 해야 하는 일이라는 생각에 사명감을 갖고 최선을 다했다. 홀사모선교회 회원들을 뒷바라지 하느라 지원 금액이 누적되면서 재정을 혼자 감당하기에는 역부족이었다. 기도하자 하나님께서는 2010년 어느 날 "부비가 더 들면 더 주마"라는 말씀을 응답으로 주셨다.
 2011년 한 해를 마무리할 즈음이었다. 국민일보 창간 23주년 행사에 수상자로 부름받아 이사장인 조용기 목사님으로부터 직접 상을 받게 되었다. 그 자리에서 나는 "조 목사님께서 추천해 주신 저의 책이 많이 팔렸습니다"라며 짧게 인사를 드렸다. 잔잔한 미소를 지으시며 "축하합니다"라고 말씀해 주셨다. 그리고 수상자를 위한 오찬 때 조 목사님은 "내가 사람 볼 줄 압니다. 이 목사님의 사역은 매우 위대하고, 당신은 크고 훌륭한 사람입니다"라고 격려해 주셨다.
 아, 얼마나 큰 위로였던가. 너무 감동해 눈물이 금방 쏟아질 것 같았다. 목사님이 나를 어찌 알고 이런 위로의 말씀을 주시는 것일까. 그리고 "내가 사역 현장에 한번 가보고 싶습니다. 나를 그곳에 초청해 주세요"라고 하셨다.

메시지

오직 감사할 뿐

에베소서 1:1-3

    에베소서와 빌립보서, 그리고 골로새서는 사도 바울의 옥중서신으로 불리는 말씀이지요. 그중에서도 이 에베소서는 우리 각자에 대한 하나님의 뜻을 이해하는 통찰력을 갖게 합니다. 그러면서 교회의 영광을 보도록 하여 우리의 인생을 바꾸게 해 줍니다.

    첫째, 사도 바울은 '하나님의 뜻'에서부터 모든 답을 찾고 있습니다.
    바울 사도에게 주어진 사명은 무엇보다 로마에 가서 복음을 전하는 것으로 볼 수 있겠지요. 그런데 그는 지금 로마 감옥에 갇혀 있으면서 이런 절망적인 상황이 '하나님의 뜻으로 된 일'이라고 말합니다. 그러면서도 감옥의 어려운 환경과 달리 세속적인 도시에 살고 있는 에베소의 성도들을 향하여 '그리스도 예수 안의 신실한 자들'로 부르고 있습니다. 사실 '신실한 자'나 '믿는 자'는 동일한 뜻으로써 성도를 말합니다. 그러니까 이 믿음이 사람을 변화시키고, 마침내 우리를 '신실한 자'로 만드는 것도 하나님의 뜻입니다.

    둘째, 사도 바울은 성부와 성자로부터 오는 은혜와 평강으로 인사하고 있습니다.
    여기서 '평강'이라는 것은 내면적 갈등이 없는 소극적인 상태를 말합니다. 갈등 속에서는 결코 평강이 있을 수 없고, 내면적으로 분쟁이 지속될 수밖에 없겠지요. 어두움의 영이 우리 안에 들어오면 영혼을 병들게 하고, 점차 영적 침체에 빠뜨립니다. 이때 강력한 하나님의 말씀을 듣게 되면 그 어려움 가운데서 하나님의 뜻을 발견하게 되고, 눈물이 쏟아지면서 기뻐 찬양할 것입니다. 이것이 바로 주님이 주시는 평강입니다. 그리고 '은혜'라는 것은 영적 세력의 공격으로부터 보호되는 것을 말합니다. 사실 우리는 매순간 자신이 알지 못하는 가운데 많은 위기로부터 보호를 받으면서 살아갑니다. 이것이 바로 우리에게 힘을 주고, 용기를 주고, 지혜를 주어 위기를 능히 이기게 하시는 하나님의 은혜입니다.

셋째, 사도 바울은 하늘에 속한 신령한 복을 깨닫고서 감사의 찬송을 올립니다. 천상의 소리로 인하여 사도 바울은 감동에 휩싸여 있었겠지요. 그래서 그의 입술에서는 "찬송하리로다!"라는 감탄사가 자동적으로 터져 나왔습니다. 이것은 이 세상의 복과는 전혀 다른 복을 깨달은 자만 외칠 수 있는 것입니다. 하나님이 우리에게 주신 최고의 복이 무엇일까요? 그것은 바로 하나님을 아는 지식입니다. 하나님을 아는 지식은 우리의 눈을 뜨게 했고, 우리로 하여금 영원한 세계와 그 축복을 보게 했습니다. 그래서 바울 사도는 그리스도를 아는 지식이 너무 고상하기 때문에 이 세상의 모든 자랑을 배설물같이 버렸다고 말한 것입니다.

하나님께서 우리 안에 하나님의 영원한 성품을 부어 주심으로 새로운 사람이 되게 하셨다면, 이것보다 더 큰 축복이 또 어디에 있을까요? 결국 '하늘에 속한 신령한 복'은 우리 속을 가득 채워야 할 하나님 자신과 하나님의 영원한 말씀을 뜻하는 것입니다.

44 무엇을 개혁하시렵니까?

　기독교 신앙이 무엇이며 인간의 실존과 사회의 구조가 어떠해야 하는가를 끊임없이 묻고 대답하면서 그의 시대를 매개하고자 고민했던 사람이 있습니다. 그가 바로 16세기 초기 암울했던 기독교계 개혁을 주도한 말틴 루터입니다. 그는 당시 독일의 크리스천 귀족들에게 하나의 뜻있는 권면과 충고를 던져주고자 〈말틴 루터의 종교 개혁 3대 논문〉을 썼습니다.

　중세기 로마교도들은 자기들 주위에 많은 담을 쌓아 놓고 그 뒤에서 자신들을 방어해 왔기에 아무도 그들을 개혁할 수 없었고 무서운 부패의 원인만 제공하게 됩니다. 루터는 그중 첫째 담으로써 세속적 계급 위에 있는 영적 계급을 언급합니다. 교황, 주교들, 사제들 및 승려들을 '영적 계급'이라 부르고 군주들, 영주들, 직공들 및 농부들을 '세속적 계급'이라고 부른 것에 대하여 실로 이것은 조작적인 것이며 거짓과 위선이라고 신랄하게 비판했습니다.

　또한 루터는 한 관리인 사제로서 "그가 직무를 가지고 있는 동안에는 우위권을 가지나 파면되면 사람들과 마찬가지로 하나의 농부나 시민이 된다"고 하면서 "구두수선공, 대장장이, 농부는 각기 자기들의 직무를 맡고 있으면서도 그들은 다 성별받은 사제와 주교와 같다"고 말했습니다.

　교황청이 가졌던 무소불위의 권력에도 굴하지 않고 중세 암흑기에서 벗어나도록 종교개혁을 이끌었던 개혁자들처럼 지금 이 시대를 책임진 교회는 성령의 요청대로 개혁적 도전을 계속해 나가야 할 것입니다.

체험
44

사실 조용기 목사님을 영성원에 한번 초청하는 것이 간절한 소원이었다. 그런데 목사님이 먼저 제안하신 것이다. 하나님의 섭리는 어쩌면 이리도 놀라운가. 나는 이미 제 정신이 아니었다. 주변에서 누가 "이 에스더 목사님, 오늘 대박입니다"라고 했다.

드디어 2012년 3월8일 '조용기 목사님 초청 홀사모의 날' 행사를 열게 되었다. 목사님은 일찍 오셔서 담소를 나누어 주셨다. 사위 장 목사에게 "스케일 큰 장모를 만나 굉장히 피곤할거요"라고 하셨다. 좌중의 분위기가 금방 화사하게 변했다. 그러자 장 목사도 "네. 그래도 장모가 두 분이면 힘들 텐데 한 분이어서 괜찮습니다"라고 화답해 또 한번 웃었다.

이날 조 목사님은 홀사모들에게 위로의 메시지와 함께 넉넉한 홀사모 후원금도 전해주셨다. 돌이켜 보니 이 격려금이자 위로금은 이미 약속하셨던 하나님의 부비였다. 조 목사님과의 만남은 하나님이 준비하신 선물이었다.

목사님은 "개척한 후 지금까지 집회를 인도하면서 오늘 같이 이렇게 적은 숫자 앞에서 설교하기는 처음 있는 일"이라고 하시면서도 "너무나도 뜻 깊은 일이기에 오고 싶었다"고 하시며 우리에게 맞는 최고의 메시지를 주셔서 큰 은혜를 받았다.

메시지: 하나님의 예정하심
에베소서 1:4-6

에베소서의 특징은 모든 것을 하나님의 관점에서 찾아가는 데 있지요. 바울 사도는 오늘 이 시대에 겪고 있는 문제들을 우리의 입장에서 설명하는 것이 아니라, 지극히 높으신 하나님의 뜻에서부터 풀어냅니다.

첫째, 바울 사도는 하나님의 은혜로 예정의 원리를 깨달았습니다.

4절에, 하나님께서는 세상이 만들어지기도 전에 우리를 택하셨다고 말했지요. 우리가 이 세상에 태어나기도 전에 우리를 미리 축복의 자녀로 예정하시고, 택하셨다는 사실이 놀랍지 않습니까? 어떻게 이런 엄청난 일이 가능할 수 있을까요? 먼저 우리는 이 예정이 하나님의 비밀에 속한 것임을 알아야 합니다. 우리는 절대로 이 예정의 세부적인 것을 미리 알 수 없습니다. 그러기에 우리는 죄와 심판에 대한 하나님의 계획을 성경대로 전할 책임이 있는 것입니다. 그리고 우리가 예수를 믿고 나서 여기까지 인도하신 하나님의 계획은 '창세 전부터' 예정되었다는 사실에 그저 감사할 뿐입니다.

둘째, 바울 사도는 우리가 예수 그리스도로 말미암아 하나님의 아들이 되게 하셨음을 깨달았습니다.

에베소 교인들이 바울 사도로부터 '하나님의 아들'이라는 말을 처음 들었을 때 엄청난 충격을 받았을 것입니다. 왜냐하면 로마의 지배를 받는 그 당시에 '왕족이나 귀족의 아들'이 되는 것은 가장 놀라운 복 중의 하나로 인식되었기 때문이지요. 로마의 진정한 모습은 자기 핏줄보다 능력 있는 자에게 모든 것을 물려주던 그 정신이 살아있을 때 더욱 부각되었습니다. 이처럼 입양이 출세로 여겨졌던 그런 시대에 바울 사도는 에베소 교인들에게 '이제 우리가 하나님의 아들이 되었으니까 그분의 아들답게 행하며 살자'는 진정한 의도를 밝혀 줍니다.

셋째, 바울 사도는 하나님께서 우리를 택하신 이유를 깨달았습니다.

먼저 하나님께서는 거룩하고 흠이 없게 하고자 우리를 택하셨다는 것입니다. 인간의 힘으로 완전함을 추구하는 것은 불가능한 일이겠지요. 그러나 하나님께서 흠과 티가 수두룩한 우리를 흠 없는 어린 양으로 만들어 가신다는 사실입니다. 그러면서 '우리에게 거저 주시는 바, 그의 은혜의 영광을 찬송하게 하시고자' 우리를 택하셨다고 말합니다. 죄는 우리로 하여금 하나님을 멀리하고 자신을 중심으로 생각하게 만들었지요. 그러나 이제 우리는 영원 전부터 나를 택하시고, 예정하신 하나님의 아들이기에 자기중심에서 하나님 중심으로 시선을 돌려야 합니다. 그리고 그 은혜에 대한 감격으로 영원히 찬송해야 할 것입니다. 이것이 바로 하나님의 아들들이 해야 할 일입니다.

하나님께서는 우리의 찬송과 함께 진정으로 변화된 우리 자신을 더 기쁘게 받아주십니다. 이제부터 하나님의 은혜로 말미암아 변화된 우리 몸 자체가 찬송이 될 것이며 그 은혜에 감격하여 감사로 충만할 때 진정한 아들로 살게 될 것입니다.

45 어떤 결과를 원하십니까?

    2차 세계대전 때 의무병이었던 스탠 베렌스타인과 비행기공장에서 일했던 잰은 전쟁이 끝난 직후 결혼하여 작가와 미술가로 함께 일을 시작하게 되었습니다. 두 아들을 얻고 나서부터 어린이 책을 쓰기로 결심한 그들은 마침내 어린이들의 사랑을 받는 '베렌스타인의 곰 가족'을 탄생시켰습니다.

    그들의 책 중에 〈왕호박과 괴물의 대결〉은 곰 마을의 추수감사절 맞이 호박겨루기 대회를 소개합니다. 10년을 내리 우승한 벤 아저씨의 코를 납작하게 해줄 거라며 왕호박을 정성껏 키우는 아빠 곰의 포부가 인상적입니다.

    드디어 추수감사절 대축제의 날, 이번에도 역시 벤 아저씨의 괴물이 1등에 당선되었고, 왕호박은 겨우 3등에 그쳤습니다. 엄마 곰은 기가 죽은 아빠 곰과 아이들에게 '3등상은 전혀 부끄러운 것이 아니며, 게다가 추수감사절은 겨루기 대회와는 상관없는 감사의 날'이라고 위로의 말을 해 줍니다.

    다음 날 추수감사절 아침에 곰 가족이 음식을 먹기 전 감사의 기도를 드리자 동생 곰이 재치 있게 말합니다. "우리가 1등상을 받지 못한 것을 나는 감사드려요. 만약 그때 1등상을 받았다면 왕호박은 우리가 디저트로 먹으려고 정한 파이의 재료가 되는 대신에 시청 앞에 전시되었을 테니까요."

    우리는 어떤 것의 참된 본질을 잊은 채 지나치게 욕심을 부릴 때가 있습니다. 어떤 상황에서도 베렌스타인의 곰 가족처럼 감사할 것이 많다는 것을 깨닫게 되면 추수감사절의 의미는 더욱 깊고 소중해질 것입니다.

체험
45

이후 조 목사님을 찾아뵙고 인사를 드렸을 때도 격려금을 주셨다. 마침 침례신학대학교 신학대학원 채플설교 요청을 받았던 터라 신학박사들과 전공자들이 무수히 많은 그곳에 어떤 메시지를 전해야 할까 기도하는 중이었다. 그때 하나님께서는 우정의 무대에 등장하는 한 병사의 두메산골 홀어머니를 연상케 하셨다. 그래서 설교 후 나는 조 목사님께서 주신 격려금으로 신대원생 전체가 각자 원하는 식사를 할 수 있도록 1인당 2권의 저서와 함께 1만원씩을 넣은 봉투를 선물로 전달하게 되었다.

그날 바로 이메일이 한 통 도착했다.

"이 목사님, 저는 개척하면서 공부하는 ○○○신학생입니다. 오늘 주신 봉투를 손에 들고 감히 혼자서 점심을 먹기에는 너무 가슴이 벅차서 저녁 때 아내와 함께 자장면을 먹으며 기쁨을 나누었습니다. 오늘 베풀어 주신 사랑을 늘 기억하겠습니다."

나는 받은 것을 주님의 이름으로 나누었을 뿐이다. 그러나 하나님께서는 나 혼자 쓰는 것보다 더 많은 신학생들과 함께 나누는 것을 더 기뻐하셨다. 우리는 그저 축복의 유통자로 살아갈 뿐이지만 기쁨은 나눌수록 하나님께서는 더 큰 행복으로 돌려주신다.

메시지 약속된 복을 받는 백성

신명기 26:1-3

모든 사람이 다 똑같아 보이지만, 구별된 백성이 있다는 것은 사실이지요. 그래서 우리가 이 세상에서 약속된 하나님의 복을 받으려면, 그분 앞에서 존귀한 자가 되는 것이 무엇보다 중요합니다.

첫째, 하나님의 약속된 복을 받기 위해서는 모든 우선순위를 하나님께 두어야 합니다.

이스라엘 백성들에게 있어 가나안 땅은 약속의 땅이요, 젖과 꿀이 흐르는 축복의 땅이었지요. 그러나 단순히 가나안 땅에 들어가는 것만 가지고 이스라엘 백성들의 축복이라고 말할 수는 없습니다. 지금까지는 광야를 걸어오면서도 전적으로 하나님의 통제하심 가운데 존귀함을 유지하며 살았던 그들입니다. 그러나 이제 가나안 땅에 들어가게 되면 상황이 달라집니다. 하나님만 바라보고 하늘의 양식을 먹었던 그들이 가나안 땅에서는 풍성한 곡식을 얻고, 자유로운 생활을 하게 될 것입니다. 이때 하나님의 보배로운 백성은 가나안의 풍요로운 생활과 상관없이 모든 우선순위를 하나님께 두고 살아가야 합니다.

둘째, 하나님의 자녀답게 살아가기만 하면 약속된 복을 계속 누리게 됩니다.

하나님께서는 이스라엘 백성들이 가나안 땅에 들어갔을 때 농사를 지을 수 있게 하셨지요. 그런데 그들이 농사를 지은 것 중에서 처음 거둔 열매는 하나도 자기를 위해 먹거나 사용하지 말고, 철저하게 구별하여 하나님께 바치라고 하십니다. 그러면서 이것이 이스라엘 백성들이 하나님 앞에서 진정으로 하나님의 백성답게 사는 것이라고 말씀하셨습니다. 이것은 언제 어디서나 하나님을 잊어버리지 말고, 하나님 중심으로 살라는 뜻입니다. 이것은 가나안의 풍요로움 속에서도 제한된 자유를 누리며, 철저하게 하나님의 종된 삶을 살라는 것입니다. 따라서 하나님이 주신 첫 열매를 모두 하나님께 가지고 와서 바치는 것은 가장 아름다운, 진정으로 존귀한 삶의 모습입니다.

셋째, 약속된 복을 받을 때마다 가장 먼저 하나님 앞에 나아와 모든 영광을 주께 돌려드려야 합니다.

이스라엘 백성들은 자기의 꿈이 이루어졌을 때에 가장 먼저 하나님께 나아왔지요. 그리고 하나님께서 행하신 일로 보고했습니다. 물론 하나님의 백성들이 다른 사람들과도 기쁨을 나누어야 하겠지만, 이 모든 영광을 하나님께 돌리고 감사드리는 것이 더 우선적인 일이라는 것입니다. 하나님의 백성들은 언제나 자신의 삶에 대한 하나님의 뜻을 물어야 하며, 하나님 앞에 나아와 결심하고 고백하는 시간을 가져야 합니다. 그리고 모든 좋은 것을 하나님께 바치고, 자기는 그 다음 것으로 만족하며 섬기는 종의 삶을 살아야 할 것입니다.

하나님께서는 우리가 바친 그 첫 열매를 제사장과 가난한 고아나 과부들이 먹게 하라고 명령하셨지요. 우리는 우리가 바친 것으로 의무를 다한 것이 아닙니다. 반드시 그것을 하나님의 뜻에 합당하게 사용하는 일까지 순종해야 할 것입니다.

46 무엇에 집중하고 있습니까?

　조직의 역량을 최고로 이끌어내는 리더들의 특징을 분석한 책 〈멀티플라이어〉를 쓴 그렉 맥커운(Grec Mckeown)은 이미 주목을 받은 기업인입니다. 아마존 최장기 베스트셀러라는 기록으로 더 유명해진 저자가 오늘날과 같은 복잡한 시대에 반드시 주목해야 할 방식으로 우리의 일과 삶 어느 분야에도 적용할 수 있는 개념을 책에 담아냈습니다. 〈에센셜리즘〉 즉, 본질이란 단어가 보여주듯 무의미한 다수가 아닌 '본질적인 소수'에 집중함으로써 훨씬 더 큰 성과를 이루어낸다는 데 초점을 맞춘 것입니다.
　저자는 본질주의자들에게 있어 "집중이란 무언가에 단지 힘을 쏟는 게 아니라, 무언가의 가능성에 대해 계속해서 고찰하는 것"이라고 말합니다. 특히 한 분야에서 큰일을 이룬 사람들 중 스티브 잡스, 워런 버핏, 간디와 같은 분들의 공통점이라면 '더 적게, 하지만 더 좋게'라는 사고방식을 자신의 일과 삶에서 실천했으며, 이들은 인생의 옷장을 정리하는 데 달인이었다는 것입니다. 그러면서 그는 "지금 당신은 제대로 된 중요한 일에 시간과 자원을 투자하고 있는가?"와 같은 좀 더 본질적인 질문을 끊임없이 던지고 있습니다.
　그렇다면 과연 오늘 우리 그리스도인들은 기독교의 본질에 얼마나 집중하고 있는 것일까요? 한 사람 한 사람의 죽어 있는 생명을 살리고자 예수님이 지신 십자가는 흐릿해진 기독교의 본질을 더욱 선명하게 보여줍니다.
　만일 본질을 제대로 잡지 못하면 문제만 계속 반복될 뿐입니다.

체험
46

　우리의 육체도 면역력이 있으면 병균과 싸울 수 있는 힘이 있듯이 "두려워하지 말라 내가 너와 함께 함이라 놀라지 말라 나는 네 하나님이 됨이라"(이사야 41:10)고 하신 그 하나님이 내 하나님이 되면 신앙의 항체가 생겨서 어떤 영적 바이러스와 싸워도 이기게 될 것이다.

　그래서 하나님은 니느웨에 선지자를 보내시고 니느웨의 통곡과 회개를 통해 우리가 배우라고 말씀하신다. 그리고 자신의 완악함을 모르는 자기 중심적인 생각과 잘못된 우월감을 깨뜨리기를 원하신다. 사회가 어지럽고 국가가 위태로울수록 그리스도인들의 생활은 더욱 분명해야 한다. 만약 다른 믿지 않는 사람들과 비슷하여 더 겸손하지 아니하고, 더 많이 울면서 부르짖어 기도하지 아니하고, 더 많이 말씀의 채찍에 무릎 꿇지 않으면 미래의 희망은 점점 더 희미해질 뿐이다.

　성도들이 왜 하필이면 이름이 '요나3일영성원'이냐고 묻는다. 그 답은 성경에 있다. 니느웨를 회개시키라는 부담스런 명령 앞에서 요나는 여호와의 낯을 피하기로 했다. 이스라엘 백성들은 '하나님이 가나안 땅 구석구석을 살피고 계신다'는 의식을 가지고 있었다. 그래서 요나도 가나안 땅만 벗어나면 여호와의 낯을 피할 수 있으리라고 생각했던 것이다.

메시지 하늘에 속한 자

신명기 26:4-19

하나님께서는 우리의 어떤 모습을 기대하실까요? 그것은 바로 우리가 자기 욕심을 구하지 않고, 겸손하게 하나님과 이웃을 섬기는 삶이라 할 것입니다. 그래서 하나님께서는 우리를 하늘에 속한 자의 틀 안에 들어가게 할 때가 있습니다.

첫째, 하늘에 속한 자는 하나님의 위대하심을 선포해야 합니다.

하나님께서는 이스라엘 백성들이 가나안 땅에 들어간 후에 첫 열매를 가지고 하나님께 나아오면 제사장이 그것을 가지고 선포하게 하셨지요. 여기에 선포된 내용을 보면, 이스라엘의 역사적인 뿌리와 그들의 모든 비참한 과거까지 다 언급된 것을 보게 됩니다. 결국 이스라엘 백성들의 뿌리는 보잘 것 없었고, 그들에게 있어서 중요한 것은 전적인 하나님의 역사하심 뿐이었다는 사실입니다. 사람은 누구나 자기의 수고와 공로의 지배를 받게 됩니다. 그러나 도저히 내 힘으로는 이렇게 할 수가 없는데 나를 불쌍히 여기시고 축복하신 것을 믿게 될 때 그 하나님의 위대하심을 선포하게 될 것입니다.

둘째, 하늘에 속한 자의 특징은 하늘의 복이 내려와야 살 수 있습니다.

아무리 젖과 꿀이 흐르는 땅이라 할지라도 하나님께서 복을 주시지 않는다면 무슨 유익이 있을까요? 우리가 지속적으로 하나님의 복을 받기를 원한다면 어떤 상황에서도 그 말씀을 따르는 것이 중요합니다. 만일 초상이 날지라도 자기 마음대로 첫 열매나 자신의 의무를 떼먹지 말라고 하십니다. 그리고 언제나 하나님과 가난한 이웃이 먼저이고, 나는 그 다음이라는 정신을 지킬 때 하나님께서는 복을 더하여 주신다는 것입니다. 결국 우리가 진정으로 복을 받으려면 하늘에 있는 복을 가지고 와야 합니다. 그 복이 하나님의 말씀 속에 들어 있다는 것을 안다면 이것을 캐기 위해 온 마음과 정성을 다 쏟게 될 것입니다.

셋째, 하늘에 속한 자는 여호와를 내 하나님으로 인정할 수밖에 없습니다.
"여호와를 네 하나님으로 인정"한다는 것은, 우리에게 다른 복이라고는 일체 없다는 것이지요. 하나님만 복이심을 인정하고, 다른 세상적인 방법을 절대 따라가지 않겠다는 것입니다. 그래서 우리는 하늘에 속한 자들로서 당연히 '그의 규례와 명령과 법도를 지켜야' 합니다. 우리는 연약한 육체를 가진 자들로서 하나님의 말씀에 순종하지 않고 정욕대로 살 때가 많습니다. 그럴 때마다 우리는 회개하고, 하나님의 말씀에 자신을 굴복시켜야 합니다. 그렇게 하면 하나님께서 우리를 가장 보배로운 하나님의 백성으로 인정해 주실 것입니다.

하나님께서는 우리가 하나님만 내 하나님으로 인정하고 그 말씀을 붙들 때 이미 축복의 땅에 들어와 있는 하나님의 보배로운 백성으로 인정해 주십니다. 그렇게 되면 모든 것이 달라집니다. 하나님께서 우리의 모든 것을 챙겨 주시며, 이 세상에서 모든 명예와 존귀와 칭찬을 받도록 만들어 주실 것입니다.

47 지금 무엇을 하십니까?

　미국 플로리다주 오칼라 심장센터 심장외과 전문의로서 수술 전 기도와 말씀 공부를 기반으로 하나님과 함께 의술을 펼치는 의사가 쓴 책 〈가슴으로 듣는 하나님의 음성 "심장이 뛴다"〉는 추운 겨울 멎은 심장을 다시 뛰게 합니다.

　저자인 정수영 박사는 플로리다 주립대학병원 심장외과 과장이었던 시절, 심장이식 수술을 위한 만반의 준비를 다 마쳤지만 6개월 동안 단 한 건의 수술도 하지 못했습니다. 심장이식 수술은 한 사람이 죽어야 한 사람이 사는 만큼 혹시 하나님이 이 일을 원하시지 않는가 하여 절박한 심정으로 기도를 하게 됩니다. 주님을 떠나서는 소망이 없는 죄인이라는 것을 뼛속까지 깨달았기에 "플로리다에서 처음으로 하게 될 심장이식 수술을 통해 내게 돌아올 어떤 영광이 있다면 모두 하나님께 드리겠습니다"라며 기도한 지 단 2시간 만에 그는 첫 수술을 하게 되었고, 그 수술은 성공적으로 끝마칠 수 있었다고 고백합니다.

　'인간 재봉틀'의 별명을 가진 의사로서 청년들과 함께 호흡하며, 해마다 8~9주를 중국, 북한 등의 선교지에서 보내는 그가 제자 훈련을 시킬 때 외치는 일성은 "너의 이상과 꿈을 버려라!"는 것입니다. 하나님 한 분이 내 삶의 모든 것이 되면 내가 품은 꿈과 이상보다 더 크고 높은 곳으로 나를 인도해 주시기에 "하나님의 음성을 듣지 않고, 기도하지 않고, 승리하는 크리스천으로 살아갈 방법은 그 어디에도 없다"고 말하는 그의 에필로그가 그리스도인의 잠든 신앙을 깨워 줍니다.

체험
47

요나의 도망계획은 처음에는 순조로웠다. 하나님의 명령을 거역하고 다시스로 가는 배를 타려고 욥바로 내려갔을 때, 자기를 기다리는 배를 본 요나는 감격하여 얼른 올라탔다. 그러나 기도하지 않아도 타이밍이 맞는 것을 과연 하나님의 뜻이라 할 수 있을까? 이것이야말로 바다 밑바닥으로 떨어지는 내리막길의 시작이다.

하나님은 악한 니느웨 성의 수많은 사람들을 귀하게 여기셨다. 그래서 복음을 전할 한 사람을 찾는 일에 그들보다 더 많은 투자를 하신다. 상상할 수 없이 거친 풍랑과 요나를 삼킬 물고기는 그를 위해 예비하신 것이다. 요나는 뒤집으면 '나요'가 된다. 내가 변하면 내 주변이 사는 것은 시간 문제다. 니느웨 성은 3일이면 충분했다.

때로 하나님의 사랑은 우리를 고민하게 만들고 도망칠 핑계를 찾게 한다. 사랑할 이유가 전혀 없는 사람들을 위해 우리의 시간과 돈을 왜 허비해야 한단 말인가. 그러나 이것은 하나님이 요구하시는 더 적극적인 사랑의 표현법이다. 그러면 내 문제는 하나님이 친히 돌보아 주시겠다는 것이다.

우리나라가 이렇게 잘 살게 된 것은 하나님의 축복을 통하여 깨닫게 하시려는 극약처방임을 알아야 한다. 그래서 상상할 수 없는 큰 재난이 일어날 때마다 우리는 하나님 앞에 더 겸비하게 나아가면 다시 한 번 큰 부흥이 일어날 것이다.

메시지

생명에 삼키게 하신 은혜

고린도후서 5:1-10

우리는 행복을 추구하면서 가능한 죽음에 대해서는 회피하려는 경향이 있지요. 그러나 바울 사도는 죽음에 대한 정리를 확실하게 해줌으로써 그리스도인에게 많은 유익을 줍니다.

첫째, 바울 사도는 지상의 삶과 장차 천국에서 이루어질 삶을 집으로 비교하고 있습니다.

우선 우리가 살고 있는 이 세상은 천막생활과 같다는 것이지요. 천막은 일시적으로는 자유롭고 즐거움도 느낄 수 있겠지만 어두움이 오고 바람이 불면 불안과 두려움에 떨게 될 것입니다. 우리는 이미 구원을 받았음에도 불구하고 그 감격이나 풍성함을 제대로 누리지 못하고 계속 죄에 쫓기는 상태에 있는 것 같습니다. 이것이 우리의 천막 인생입니다. 그러나 하나님 앞에 가면 더 이상 죄의 유혹은 사라지고 없으며 그곳에서는 죄와 갈등을 겪지 않고 양심의 고통도 받지 않으며 탄식해야 할 이유도 전혀 없게 됩니다. 그러기에 바울 사도는 이 세상 상태에서 하늘의 상태로 바뀌는 것을 '덧입는다'고 했지요. 그러니까 바울 사도의 표현에 따르면 우리의 신앙은 현재의 상태에서 자연스럽게 하늘의 상태로 이어지는 이 세상의 성도와 하나님 나라의 계속성을 갖고 있다는 것입니다.

둘째, 바울 사도는 그리스도인에게 있어서 죽음은 생명을 잃는 것이 아니고 생명에 삼키는 것이라고 말합니다.

우리가 이 세상을 산다고 하는 것은 무거운 짐을 지고 있는 상태로 볼 수 있겠지요. 무거운 짐을 지고 있으면 결코 편할 수가 없습니다. 또한 몸을 갖고 있기 때문에 먹고 살아야 하고 긴장 상태에서 항상 죄와 싸워야 하는 것입니다. 거기에다 바울 사도는 끊임없이 유대인의 공격에 시달려야만 했습니다. 이런 상황에서 바울 사도는 "우리가 죽음에 이를 때 생명이 우리를 삼켜 버린다"는 너무나 놀라운 정의를 내리고 있습니다. 이것은 죽음의 고통이 우리를 이기지 못한다는 뜻이지요.

셋째, 바울 사도는 우리가 살든지 죽든지 주를 기쁘시게 하는 자가 되기를 힘써야 한다고 말합니다.

우리는 하나님께서 보내신 성령을 통해 구원을 미리 맛보며 살아가고 있습니다. 이것은 완전한 구원의 약속으로써 결코 하나님의 구원은 절대로 취소되거나 포기되지 않는다는 것을 분명히 해주는 것입니다. 그러나 장차 우리는 더 완전한 상태에 처하게 되는데 그것은 바로 우리 눈으로 그리스도를 직접 보는 것입니다. 그래서 바울 사도는 담대히 죽어서 주님 앞에 있는 것을 더 원했던 것입니다. 하지만 바울 사도가 '죽는 것도 사는 것도 모두 다 좋다'고 자신의 입장을 정리한 것은 비록 현재의 상태는 다르지만 주님은 같은 분이시기 때문입니다.

그렇다면 우리는 사는 것과 죽는 것 중 어디에 더 신경을 써야 할까요? 장차 우리는 그리스도 앞에 서서 이 세상에서 어떻게 살았는지 심판받게 됩니다. 그러므로 우리는 사는 것과 죽는 것 모두를 생각하면서 최선을 다해야 할 것입니다.

48 어떤 열정입니까?

　법학을 전공하고 저널리즘을 공부했던 베르나르 베르베르는 어린 시절부터 만화 그리기에 재능을 보였고, 에드거 앨런 포의 영향을 받아 8세 때부터 단편소설을 쓸 정도였습니다. 고등학교 때 만화와 시나리오에 탐닉하면서 만화 신문을 발행하였고, 소설과 과학을 익히게 됩니다.

　과학부 기자로 활동해오면서 의학과 과학의 모든 주제에 관한 기사를 발표했던 그는 아프리카 마냥 개미에 관한 르포를 만들기 위해 코트디부아르에 가기도 했습니다. 마침내 1991년 3월, 그는 〈개미〉라는 소설을 발표하여 전 세계 독자들의 마음을 사로잡게 됩니다. 그리고 뒤이어 1993년에는 자신의 작중 인물 에드몽 웰즈가 집필했다고 설정되어 있는 〈상대적이며 절대적인 지식의 백과사전〉을 비소설 문학으로 출판하였습니다.

　그는 책 속에서 이렇게 정리합니다.

　"인간과 마찬가지로 개미는 사회성을 타고난다… 개미와 인간은 둘 다 주위의 도움을 받아야만 살 수 있는 종이며, 살아가는 방법을 혼자서 터득할 줄도 모르고 터득할 수도 없다. 그 의존성이 또 다른 진화를 가져온다. 지식 추구가 그것이다."

　열네 살 때부터 이 '사전'을 쓰기 시작했다는 베르나르가 개미에 대한 단순한 호기심을 과학적 고찰로 발전시켰던 것은 그의 열정과 성실함에서 나온 결과입니다. 그렇다면 우리는 천하보다 귀하다는 한 영혼의 가치를 얼마나 인정하고 어떤 열정과 관심을 갖고서 그를 살피고 있는지 스스로 물어볼 일입니다.

체험
48

많은 분들이 금식기도는 경험했지만 단식기도는 해보지 않아 잘 모른다며 설명을 부탁한다. 일반적으로 금식은 물을 마실 수 있고 단식은 물도 마시지 않는 것으로 생각한다. 그러나 사실 무엇을 금하는 금식이나 끊는다는 단식은 둘 다 완전한 스톱을 의미한다. 성경에서 물도 마시지 않고 떡도 먹지 않은 모세나 물고기 뱃속의 요나, 그리고 3일 밤낮을 먹지도 마시지도 않은 에스더와 3일간 식음을 전폐한 바울을 보면 물도 마시지 않았다.

하나님 앞에 내 몸을 드리는 희생의 기도이기도 한 단식은 영적인 유익은 물론이고 의학적으로도 매우 유익하다는 점에서 하나님의 섭리가 숨어 있다.

단식 기간 중 혈액은 점점 알칼리성으로 바뀐다. 산성체질인 사람이 단식 때 구토현상을 보이는 것은 갑자기 몸에 대량으로 생긴 산성을 미처 배설하지 못해서 비상수단으로 산을 내보내며 몸을 약알칼리로 유지시키려는 필사의 노력을 몸 자체가 하기 때문이다. 미국 아이오와 주립 대학의 생리학 교수인 아이비 박사의 실험에 의하면 암 세포를 약알칼리성 혈액 안에 두면 3~6시간 이내에 완전히 용해되고 만다고 한다.

이에 따라 단식을 하면 뇌신경 기능을 활발하게 해주어 기억력이 좋아지고 두통 해소에도 도움을 준다. 단식을 마치고 생수를 마심으로 배설을 통해 독소와 노폐물이 거의 빠지면 소변의 색이 맑고 깨끗해진다. 그러므로 나는 이사야 58장에 나오는 대로 "하나님의 기뻐하시는 금식"은 급속한 응답으로 연결되는 것을 확신한다.

메시지 | 평화의 사신이 되어
고린도후서 5:11-21

우리 예수님께서는 세례(침례) 요한을 앞세우고 이 세상에 평화의 사자로 오셨지요. 그런데 인간들이 그를 십자가에 못 박아 죽임으로써 하나님께 전면전을 선포한 것입니다. 그러나 그의 죽음을 슬퍼하고 애통해하는 자들을 구원하기로 아들과 약속하신 하나님께서는 인간들을 섬멸하지 않으시고 지금까지 계속해서 평화의 사자들을 이 땅에 보내고 계십니다.

첫째, 바울 사도는 주의 두려우심을 아는 자로서 자신의 입장을 분명히 밝히고 있습니다.

바울은 고린도에서 장막을 짜면서 그들에게 재정적 부담을 주지 않으려고 했었지요. 그러면서 고린도 교회와 인격적이며 격의 없는 친분관계를 가졌던 것으로 보입니다. 그러나 지금 고린도 교인들이 올바른 신앙에서 떠나 있는 상태에서 여전히 옛날의 관계를 기억하며 바울을 대하려는 데에는 문제가 있었던 것입니다. 여기서 바울 사도가 말하는 '외모로 자랑하는 자들'은 율법주의에 오염되어 실제로 하나님과의 올바른 관계에서 멀어진 율법주의자들입니다. 그래서 바울 사도가 '정색하고 이야기할 수밖에 없다'고 말했을 때 고린도 교인들 중 일부는 그가 미쳐서 그렇다고 심하게 비난했던 것으로 보입니다.

둘째, 바울 사도는 그리스도의 사랑이 우리를 강권하시기 때문에 이렇게 하는 것이라고 말합니다.

인간적으로 볼 때 그들과 가졌던 좋은 관계를 깨뜨리고 싶은 이유가 없었겠지요. 그러나 교회의 특징은 항상 하나님의 말씀이 중심이 되어야 하고 말씀이 모든 것을 끌고 나가야 합니다. 그래서 바울 사도는 고린도 교회를 일방적으로 비난하지 않고 그리스도의 복음을 전했던 것입니다. 이것만이 교회를 온전하게 치료할 수 있기 때문입니다. 그리스도의 십자가 사건은 새로운 백성의 창조입니다. 예수님은 자신의 피로 새 사람을 만드신 것이기에 우리는 서로를 더 이상 육체로만 알아서는 안 됩니다.

셋째, 바울 사도는 이제 평화의 사신인 우리가 감당해야 할 역할에 대하여 말해 줍니다.

하나님께서 원하시는 것은 하나님과 원수된 상태에 있는 우리 인간을 그리스도를 통해 자신과 화해하는 것이지요. 율법의 역할은 우리가 하나님과 원수된 상태에 있음을 깨닫게 해줍니다. 그러나 율법은 결단코 우리를 하나님과 화해시키지는 못합니다. 예수님께서 이 세상에 오신 목적은 하나님과 이 세상의 화목을 위한 것입니다. 그러므로 우리는 적어도 지금까지 살아온 것이 죄였다는 것을 인정하고 옛 생활을 미워해야 합니다. 그러면 하나님의 은혜는 조건 없이 부어질 것입니다.

이 모든 것을 시작하신 하나님께서 이 기쁜 소식을 위해 아들을 평화의 사신으로 보내셨지요. 하나님께서 원하시는 것은 누구든지 그리스도의 죽음을 보고 자신이 죄인임을 깨닫고 회개하는 것입니다. 이제 그 화목의 말씀을 우리에게 맡기셨습니다.

49 무슨 고민입니까?

 어린 시절 책 읽기를 너무 싫어해 만화책조차 읽지 않았다는 히가시노 게이고, 그래서 그는 독자가 책을 읽을 수밖에 없는 글을 쓸 목적으로 집필하게 됩니다.
 그가 쓴 많은 소설 중 〈나미야 잡화점의 기적〉은 주인의 성씨를 딴 나미야와 고민이라는 뜻을 가진 나야미 때문에 "고민도 상담해주나요?"라는 언어유희적인 질문을 받게 된 평범했던 잡화점이 변신하는 내용입니다. 세 명의 좀도둑이 훔친 차의 배터리가 나가자 인근 폐가인 잡화점으로 잠시 몸을 숨깁니다. 마침 우편함에 도착한 '달 도끼'란 사람의 상담편지를 보고 '나미야 잡화점'의 주인이 그동안 고민 상담을 해왔음을 알게 된 3인조는 주제넘게 그 일을 대신하면서 인생 변화의 조짐이 나타납니다.
 "부디 내 말을 믿어 보세요. 아무리 현실이 답답하더라도 내일은 오늘보다 멋진 날이 되리라, 하고요." 그러자 자신에게 상담의 글을 보내는 자들이 누군지도 모른 채 고민을 들어주고 격려해 줌으로써 희망을 되찾은 소설 속 한 상담자의 답장이 도착합니다.
 "그날 이후로 나는 이 세상에 태어난 것을 원망하는 일은 단 한 번도 없었습니다. 지금까지 살아온 여정이 결코 평탄하지는 않았지만, 살아있어서 비로소 느끼는 아픔도 있다고 생각하며 하나하나 극복해왔습니다."
 죄인임에도 불구하고 의롭다함을 입은 예수공동체가 주 안에서 하나 되고, 힘겨울 때 중보의 기도로 보듬어주는 것은 힘들어도 포기하지 않고 끝까지 함께 가도록 끌어주는 믿음의 동력이 됩니다.

체험
49

단식기도 후 회복기간은 단식 날짜 곱하기 2.5로 하면 좋다. 사실 단식 기간보다 회복기간 보호식에 따라 응답이 오기에 단식만큼이나 회복기간 기도가 중요하다. 30여 년 이상의 경험으로 보면 3일 단식기도에 7일 보호식 회복이 적합한 응답이라고 생각된다.

요나3일영성원에서는 단식 기도자들을 온전히 돕기 위하여 철저하게 예약제를 시행하고 있다. 정규 집회나 기도시간에는 누구나 언제든지 참석할 수 있지만, 단식하며 기도하기 위해 입소할 때는 반드시 예약을 해야 한다. 3년 전만 해도 예약에 익숙하지 않은 분들이 "예약하고 오셨습니까?"라고 묻는 봉사자들을 붙잡고 "기도하러 왔는데 예약은 무슨 예약"하면서 언성을 높일 때가 있었다. 그때마다 "여기는 한 분 한 분이 주님 앞에 요나가 되어 물고기 뱃속으로 기도하러 오는 곳이라 마음에 준비를 하고 오시는 분마다 정해진 기도실로 안내를 해 드립니다"라며 자상하게 설명해도 막무가내였다.

하지만 이제는 사회 전반에 걸쳐 예약제가 보편화된 시대에 걸맞게 기도원 예약제가 정착된 것을 보면서 오히려 자부심을 갖는다며 더 감사하고 흐뭇해한다.

메시지 온 땅의 왕 되신 하나님

시편 47:1-3

다윗은 지금 승전과 함께 개선하면서 온 세상을 진리로 다스리시는 하나님을 찬양하고 있지요. 그가 악한 나라를 쳐부술 수 있었던 것은 하나님께서 그만큼 강하시며, 하나님이 그런 힘을 주셨기 때문입니다.

첫째, 다윗은 먼저 온 땅에 큰 왕이 되시는 하나님을 찬양하고 있습니다.
이스라엘 백성들은 다윗과 그의 용사들이 전쟁에서 이기고 개선할 때마다 손뼉을 치면서 열렬하게 환영했습니다. 그렇다면 과연 그들이 환영했던 분은 누구일까요? 사실 그들은 눈에 보이는 다윗과 그의 용사들을 환영한 것이 아니라, 하나님을 환영했던 것입니다. 그래서 다윗은 지존하신 여호와를 '두려우신 분'이라 소개합니다. 이것은 하나님의 통치가 한 치의 오차도 없이 진행되고 있음을 말합니다. 그리고 다윗이 하나님을 "온 땅에 큰 왕"으로 부른 것은 하나님께서 한번 결정을 내리시면, 절대적인 효력을 나타낼 수 있다는 것을 보여주기 위한 것입니다.

둘째, 하나님께서는 이스라엘 백성들이 죄로부터 구별되기 위하여 이 세상에서 격리되는 과정을 거치게 하셨습니다.
이스라엘의 역사를 볼 때 아브라함을 비롯한 족장 시대는 소극적인 경건의 시대였지요. 그들은 가나안 땅에 살기는 했지만 거기서는 완전히 나그네와 이방인으로 살았고, 물과 기름의 관계처럼 섞이지 않았습니다. 그것만이 그들의 신앙을 지킬 수 있는 유일한 방편이었기 때문입니다. 그런데 하나님께서는 이스라엘 백성들이 출애굽한 후 광야생활부터는 더 철저하게 구별되게 하셨습니다. 그들의 광야생활 40년은 아예 이방인들을 만날 기회조차 없이 지내면서 하나님의 백성으로 준비되는 시기였습니다. 그래서 그들은 하나님이 기뻐하시는 아름다운 삶을 통하여 받은 계명을 나타내며 살아가야 했던 것입니다.

셋째, 하나님께서는 이스라엘 백성들에게 가나안 땅이라는 한정된 범위에서 율법이 지배하는 새로운 사회를 건설하는 임무를 주셨습니다.

여태까지와는 달리, 가나안을 정복한 이스라엘에 하나님의 뜻에 맞는 다윗이 왕이 되면서부터 상황이 달라졌지요. 이스라엘의 영향은 온 땅에 미치게 되었고, 그 소문은 땅끝까지 퍼지게 되었던 것입니다. 우리의 신앙관은 단지 죄악된 세상에서 건짐 받아서 하나님의 백성으로 살려고 자기 자신을 지키는 것으로 생각하기 쉽습니다. 사실 이것은 하나님의 백성으로 훈련되는 과정이지 신앙의 전부는 아닙니다. 그러기에 하나님께서는 다윗으로 하여금 그 범위를 한 단계 더 벗어나게 하신 것입니다.

그런 의미에서 우리는 죄로부터 구별되기 위해 이 세상에서 격리되는 소극적인 생활과 이 세상의 죄악을 이기고, 하나님의 뜻을 이루어 드리기 위한 적극적인 생활을 겸비해야 합니다.

50 어떤 관계입니까?

저명한 심리학자이자 복음주의 대표 작가인 래리 크랩(Larry Crabb)은 심리학을 전공하던 대학원 석사 과정 시절, 신앙에 대한 깊은 회의를 겪기도 했습니다. 그때 프란시스 쉐퍼와 C. S. 루이스의 영향을 받아 믿음을 회복하였고, 영적 열정이 회복되면서 그는 성경적 상담 방식의 큰 토대를 이루게 됩니다. 그리고 복음이 그로 하여금 그리스도의 에너지를 갖게 한다는 깨달음 속에 〈끊어진 관계 다시 잇기〉라는 책을 썼습니다.

1991년 주님과 동행하던 경건한 동생 빌이 비행기 추락사고로 목숨을 잃게 되어 그의 신앙이 흔들릴 때 그는 '안전만이 목표가 아니라 인격의 성숙이 더 중요한 목표가 되어야 한다'는 결론과 함께 그의 상담에 대한 관점의 변화를 이루게 됩니다.

전에는 수없이 분노로, 또 교묘한 방식으로 혹은 자기 정당화의 수단으로 아들한테 회개를 요구하던 래리 크랩은 큰 아들이 방탕한 세상의 길로 나아가다 테일러대학교 3학년 시절 퇴학을 당했을 때 오직 그가 그리스도를 보게 해 달라는 간절한 기도를 합니다.

"훈육하고 가르치고 꾸짖는 것만으론 안 됩니다. 그 아이는 당신을 만나야만 합니다. 주님, 당신 자신을 저를 통해서 그 아이에게 주시길 원합니다."

성령께서 먼저 자신의 마음을 다스리셨고 별로 신통할 것도 없는 평범한 말 즉, "내가 어떻게 도와주면 좋겠니?"라고 말해 주는 순간 그 아들은 몇 년 동안 자신을 공허하게 만들던 쾌락에서 발을 돌려 진정 영혼의 중심에 이르게 된 것입니다.

체험
50

　영성원에 입소한 단식 기도자들은 일체의 전화연락을 할 수가 없다. 사실 이곳은 요나를 삼킨 물고기 뱃속과 같은 곳이기에 여기서는 통화가 될 턱이 없다. 예수님도 기도할 때에는 골방에 들어가 문을 닫고 은밀한 중에 아버지께 기도하라고 하신 것처럼, 세상의 연락줄을 끊고 오직 주님만을 구하는 시간을 갖는 것이 바람직할 것이다. 그래서 입소하기 전에 먼저 비상조치를 취하게 한 다음 휴대폰을 맡겼다가 마지막 시간에 찾아가도록 한다. 이것은 오직 간절하게 주님을 만나도록 도와주기 위한 배려의 조치다.

　또한 단식 기간 중에는 전혀 외출을 할 수 없다. 세상이 그립다고 물고기 뱃속을 찢어서 나가봐야 물에 빠져 죽는다. 만약 요나가 감사와 순종의 기도를 드리지 않았다면 뱃속에서 소화되어 사라졌을 것이다. 그러므로 단식 기도자들은 두 길이 아닌 오직 한 길을 택한 만큼, 영적인 물고기 뱃속 안에서 반드시 주님을 만나기 위해 힘쓰고 애써 더욱 간절히 기도해야 한다.

　참된 단식은 이와 같이 세상적 의지를 끊어버리고 오직 하나님만 바라보고 구하는 것이다. 3일 단식기도를 통해서 육적인 신자에서 영적인 신자로, 타락과 멸망 직전에서 부활의 새 신앙으로 전환될 수 있는 계기가 단식인 것이다. 3일 단식기도를 통해 인간적이며 육적으로 잠든 신앙과 퇴보하여 넘어진 신앙에서 일으킴을 받는 역사가 일어나는 것을 체험해 볼 것을 권한다.

메시지 하나님의 통치

시편 47:4-9

다윗 이전에 하나님께서 이 세상의 불의를 심판하신 방법은 모두 간접적인 것으로 볼 수 있겠지요. 악한 자들이 병들거나 늙어서 죽든지, 아니면 외적의 침략으로 죽는 것이 대부분이었습니다. 그런데 하나님께서 택하신 종을 사용하시니까 거의 혁명적인 변화가 일어나게 되는 것입니다.

첫째, 다윗은 하나님께서 이렇게 이스라엘을 높이신 이유를 설명해 주고 있습니다.

먼저 하나님께서는 온 세상을 다스리는 분이시며, 오직 하나님께 절대적인 주권이 있다는 것을 나타냄으로써 세상 사람들로 하여금 하나님을 두려워하는 마음을 갖게 하셨다는 것이지요. 죄짓지 않는 가장 좋은 방법은 하나님을 두려워하는 것이기 때문입니다. 그리고 세상 사람들을 하나님께로 초청할 수 있는 길을 여시고자 하나님의 백성들에게 아름다움을 갖게 하셨다고 말합니다. 하나님의 백성들이 철저하게 하나님께 자기 자신을 맞추면 하나님께서는 그 사람에게 아름다운 기업을 주시고, 모든 사람들로 하여금 그의 도움을 받도록 하시는 것입니다.

둘째, 이스라엘 백성들은 하나님께서 그들에게 승리를 주신 후에 찬송 가운데 올라가신다는 고백을 하고 있습니다.

여기서 '올라가신다'는 것은 다윗이 왕으로서 그의 보좌를 비우고 전쟁에 출정했던 것과 같은 방식으로 하나님께 적용한 언어적인 표현이지요. 그러니까 이스라엘 백성들은 다윗이 승리하고 돌아왔을 때 하나님께서도 임무를 마치시고 원래 자신의 보좌에 복귀하시는 것으로 생각한 것입니다. 이것은 결국 하늘 보좌를 비우고 이 세상에 오신 그리스도에 대한 상징적인 표현으로써 장차 인간의 죄를 다 해결하시고, 온 세상을 통치하시는 보좌에 오르시는 것을 의미합니다. 이제 우리는 이 세상에서 그리스도의 주권을 회복해야 할 책임이 있습니다. 또 그렇게 하는 자만이 그리스도와 함께 영원히 왕 노릇할 수 있을 것입니다.

셋째, 다윗은 하나님의 백성을 이기게 하시는 세 가지 방법을 알려 주고 있습니다.

먼저 온 땅의 왕이신 하나님을 지혜의 시로 찬송하는 것입니다. 이 지혜의 시는 하나님께서 성령을 부으신 것으로써 하나님의 지혜가 우리 입에서 노래처럼 흘러 나오게 하는 것을 말합니다. 그리고 하나님이 뭇 백성들을 계속 다스리시기 때문에 하나님의 구원계획이 이루어지도록 하시는 것입니다. 하나님의 가장 놀라운 말씀 중의 하나는 많은 사람들이 하나님의 백성이 되어서 하나님의 의로운 통치를 받기를 원하신다는 것입니다. 그러기 위해서는 많은 세상 사람들이 '아브라함의 하나님의 백성'이 되어야만 합니다.

많은 사람들이 이와 같이 '하나님의 백성'이 되면, 하나님께서는 자신의 통치 아래 있는 모든 자들을 방패로 지켜주십니다. 그래서 우리는 이 세상의 모든 악의 세력이 공격을 해도 안전할 수 있는 것입니다.

51 어떤 선물입니까?

하버드와 프린스턴 그리고 스위스 바젤대학교를 졸업한 출중한 신학자 제임스 몽고메리 보이스는 역사 깊은 필라델피아 제10장로교회에서 담임 목사로 30년 이상을 섬긴 목회자로도 유명합니다. 그의 책 〈성탄절 메시지〉에는 〈크리스마스의 그리스도(The Christ of Christmas)〉라는 원제에서 풍기듯이 그리스도의 정신이 상실된 크리스마스, 상업화되고 세속화된 교회와 세상을 향하여 그가 주고 싶었던 진정한 성탄절 선물을 담고 있습니다.

그는 예수 그리스도에 의한 성탄절 이야기를 언급하면서 "예수 그리스도는 한 가지 목적을 가지고 이 세상에 오셨으며 그 목적은 우리의 구원자가 되시려는 하나님의 뜻을 행하는 것이었다"고 말합니다. 그리고 우리가 이 사실을 보지 못한다면 성탄절에 관한 가장 중요한 사실을 놓치게 된다는 것입니다.

그는 고린도 성도들이 예루살렘에 있는 어려움에 처한 자들에게 준 아주 인간적인 선물들을 생각하며 하나님께 감사했던 바울의 서신(고린도후서 9:5)을 인용하면서 "바울이 예수님을 하나님의 '말할 수 없는 은사(선물)'라고 말한 것은 우리를 세상의 어떤 왕보다 더 부요하게 만들고 지구상의 어떤 통치자보다 더 행복하게 만들어줄 선물을 가리킨 것이기 때문이라"고 말합니다.

지난 수세기에 걸쳐 몇몇 화가들이나 음악가들 그리고 시인들에 의해 표현되었던 그 말할 수 없는 하나님의 선물, 아기 예수의 성탄 그 자체보다 귀한 선물은 없습니다.

체험
51

    나는 1995년부터 대구와 대전에서 라디오 방송설교를 시작했다가 서울로 올라와 2010년 11월부터 CTS-TV 방송설교 '빛으로 소금으로', 1년 뒤에 CBS-TV '영혼의 양식'을 통해 시청자들을 만나게 되었다.
    그러자 나의 설교에서 은혜를 받은 분들이 이곳 요나3일영성원을 찾아와 단식하며 기도하는 분들이 늘어났다. 그리고 담임목사님들께서도 이곳을 지정해 성도들을 보내시는 것을 보며 감사한 마음을 갖게 된다.
    영성원은 응급실이다. 오직 주만 바라보고 기도하게 하고, 서로 간에 잡담을 금지하며, 개인 휴대폰까지라도 맡아주면서 기도에 집중하도록 돕는다. 사실 단식 또는 금식 기도는 식음을 전폐하는 것만이 아니라 내 생각까지라도 끊고 그 속에 하나님의 것으로 채우는 것이 더 중요하다.
    단식을 시작하면 몸속의 나쁜 세포들이 먼저 알고 화를 내며 데모를 한다. 하지만 건강한 세포는 오히려 좋아하며 휴식에 들어간다. 3일 단식 후에 장청소를 하면 기도하면서 죄를 떨쳐버렸듯이 몇 년 동안 장에 붙어있던 찌꺼기들이 청소되면서 내 몸은 한결 가벼워진다.
    어떤 분은 장청소를 통하여 각종 질병의 치료를 경험하기도 한다. 그리고 보호식을 하면서부터 기도의 불이 붙어 힘을 다해 기도하다가 응답을 받게 된다.

메시지 그리스도의 오심과 연속성
마태복음 1:1-6

고대에 세계를 지배했던 여러 왕들이 있었지요. 하지만 누구도 이런 왕들의 출현을 예상하지 못했던 것이 사실입니다. 그런데 마태복음은 한 대왕의 출현에 대한 약속과 그것이 예수 그리스도를 통하여 '성취'되었다고 증언해 줍니다.

첫째, 마태는 그리스도가 히브리인들의 역사를 통하여 오심을 보여주고 있습니다.

마태복음은 서두에서 이 왕에 대한 족보부터 드러내고 있지요. 이것은 예수 그리스도가 아브라함부터 다윗에 걸친 역사 속에서 약속된 사람이라는 뜻입니다. 우리가 알고 있는 아브라함은 한평생 자녀에 대한 약속을 붙들고 산 사람입니다. 그리고 다윗은 철저하게 의로운 왕이었다는 사실입니다. 그러니까 이 두 사람을 통하여 보여준 나라는 어느 누구든지 믿음으로 백성이 될 수 있으며, '의로운 왕이 다스릴 나라'라는 것입니다. 그런데 하나님께서 이 왕에 대한 약속을 히브리인들의 역사 속에 보존해 오셨으니 얼마나 놀라운 일입니까?

둘째, 마태는 역사에 나타난 이방 여인들을 통하여 새로 세우실 하나님 나라를 보여 줍니다.

자기와 같은 세리들을 가장 혐오하는 히브리인들에게 복음을 전해 주고자 기록한 것이 바로 이 마태복음이지요. 그러니까 마태 사도는 유대인들의 잘못된 생각을 고쳐주고, 바른 인식을 가지게 할 목적으로 이 복음서를 쓰게 된 것입니다. 특히 아브라함에서 솔로몬에 이르기까지 여러 명의 여자들 이름이 등장합니다. 그

중에 유다의 며느리 다말과 여리고의 기생 라합, 그리고 모압 여인 룻은 모두 이방 여인입니다. 이것은 유대인들의 혈통 속에도 많은 이방인의 피가 섞여 있었다는 것을 증명해 주기 위한 것입니다. 그래서 하나님께서 새로 세우실 나라는 죄로 오염된 그 나라의 회복이 아니라, 완전히 새로운 나라가 될 것임을 보여주십니다.

셋째, 결국 마태는 우리 교회가 아브라함의 언약을 계승한 '언약 공동체'임을 드러내 줍니다.

구약의 역사는 히브리인들이 다양한 형태로 존재했다는 사실을 보여주고 있지요. 가족의 형태로 시작하여 나그네 신세로 방랑할 때도 있었고, 노예나 포로 또는 광야에서 유리하던 때도 있었습니다. 그럼에도 불구하고 그들은 이 메시아의 약속을 가진 공동체로 항상 존재했던 것입니다. 그렇다면 오늘 우리 신약교회는 바로 이 아브라함의 언약을 계승한 공동체라 할 수 있겠지요. 구성원들이 특별하지는 않아도 우리 안에는 신적인 영광이 있으며, 우리가 그리스도를 굳게 붙들고 나아갈 때 더욱더 강한 영향력을 주위에 나타낼 수 있는 것입니다.

우리가 할 수 있는 것은 오직 하나님께 우리의 삶을 맡기는 것뿐입니다. 우리에게 신앙의 공동체를 허락하셔서 함께 하나님의 뜻을 이루어가게 하신 것은 하나님의 축복이요 더불어 사는 길입니다.

52 희망이 없습니까?

　오 헨리(O. Henry)라는 필명으로 더 유명한 윌리엄 시드니 포터는 오스틴의 한 은행에서 재직 중 계산 실수를 범했다는 이유로 고소를 당했고, 구금·석방 및 도피생활을 하던 중 체포되어 횡령죄로 5년의 징역을 언도받고 수감됩니다. 다행히 고등학교 졸업 후 삼촌이 경영하는 약국의 조수로 들어가 약사 자격증을 취득한 것을 근거로 복역 중에 야간 약국 담당을 하면서 필명의 단편 소설을 출간했습니다. 그중에서도 오 헨리의 〈마지막 잎새〉는 독자들의 큰 사랑을 받는 책입니다.

　생활비를 벌고자 며칠째 잡지에 들어갈 그림을 그리던 존시가 폐렴에 걸려 창밖을 보면서 "마지막 한 잎이 떨어지면 나도 떠나게 될 거야"라는 독백으로 희망의 끈을 놓은 자신을 암시합니다.

　그런데 이것을 알아챈 동료 화가 수는 술주정뱅이 화가인 베어먼 씨를 찾아가 존시의 이야기를 전하게 되고, 마지막 잎새 하나만 남은 밤이 지났으나 담쟁이덩굴에는 한 잎이 그대로 남았습니다. 반가움과 기쁨으로 존시의 얼굴이 환해졌고 다시 새 힘을 얻게 됩니다.

　그런데 그날 오후, 존시를 찾아온 수는 비에 흠뻑 젖어 얼음장처럼 차가워진 베어먼 아저씨의 주검에 관한 소식을 전합니다. 평소 "훌륭한 화가는 사람을 위할 줄 알아야 한다"던 그가 지난 밤 최고의 작품을 완성하고 떠난 것입니다.

　우리와 같은 인간의 몸으로 이 땅에 오신 예수님은 죄 없는 몸으로 십자가에 달려 죽으시고 사흘 만에 다시 살아나 부활의 첫 열매가 되심으로 우리에게 영생을 주셨습니다.

체험
52

　기도 시간에 진실하게 살기를 원하며 미워함으로 생긴 상처를 치유하여 달라고 기도할 때 "미워하지 말고 용서하라. 미움을 풀라. 성령님이 탄식하신다."는 너무나 강한 감동이 자매를 사로잡았다. 그러면서 자신도 모르게 남편을 미워한 것을 회개하게 되었고 그토록 오랜 동안 묶여 있던 결박에서 풀려나게 되었다고 고백했다.

　요나3일영성원을 찾는 사람은 누구나 문제를 가득 안고 찾아온다. 그러면서 주님과의 만남을 갈구하고 문제의 해결과 기도의 응답을 소망한다. 무엇보다 지금은 기도할 때다.

　사면이 막혔어도 기도하면 열린 하늘을 보게 하신다. 모든 사람이 안 된다고 해도 하나님이 하시면 된다는 믿음으로 기도할 때 기적이 일어난다. 분명한 것은 내가 요나임을 깨닫는 것이 급선무다. 물고기 뱃속에서 순순히 항복하기만을 하나님은 기다리신다. 그리고 자신의 불순종을 깨닫고 회개하면서 하나님이 원하시는 방향을 사모할 때 물고기에게 명하사 육지로 토해 내게 하신다. 이것이 바로 요나의 체험이요! 기적이요! 응답이다.

　생각할수록 부족한 나를 써 주시는 하나님의 은혜가 넘친다. 나는 많은 분들로부터 격려전화를 받고 있다. 요나3일영성원은 주님을 더욱 뜨겁게 만나길 원하는 분들, 영적으로 갈급한 분들, 하나님의 응답과 치유가 필요한 분들을 위한 '119 영적 소방대'가 될 것을 다시 한 번 다짐한다.

　모든 영광을 하나님께 돌린다. 할렐루야!

메시지

창조의 시작과 새해

창세기 1:1-2

성경은 처음부터 세상이 어떻게 시작되었는지를 분명하게 말씀해 주고 있지요. 하지만 창조의 신비는 단순히 우리의 궁금증을 해소해 주려는 것이 아닙니다. 그런 것보다는 창조 기사를 통해 우리의 믿음을 붙들어주고 우리가 이 세상에서 올바른 삶을 살아갈 수 있게 하려는 목적으로 주신 선포의 말씀입니다.

첫째, 하나님은 창조의 하나님이라고 성경은 가장 먼저 선포하십니다.

"태초에 하나님이 천지를 창조하시니라"는 것은 수많은 우상과 인간이 만든 신들이 있는 이 세상 한가운데서 선언된 말씀이지요. 그러니까 '하늘과 땅에 있는 모든 것들의 주인은 하나님이시다'라는 사실에 대한 강력한 선포입니다. 하나님께서는 원래 아무 것도 없는 무에서 새로운 것들을 만들어내셨습니다. 이것을 '창조'라고 하는데, 이렇게 창조된 것을 유지하고 지키는 것을 '섭리'라고 합니다.

둘째, 하나님의 섭리하심 속에서도 이 세상은 처음과 같이 여전히 혼돈과 공허로 가득한 모습입니다.

지금 우리 눈에 보이는 안정된 땅의 환경과는 달리 하나님이 창조하시던 처음의 형편은 아무런 형체도 없는 그런 상태였다는 것이지요. 이처럼 살아서 움직이는 존재가 하나도 없이 비어 있는데다가 '흑암이 깊음 위에 있다'고 말합니다. 여기서 말하는 '흑암'은 어둠인데, 그렇다면 '깊음'은 과연 무엇을 의미하는 것일까요? 이것은 '하나님의 신이 수면에 운행하신다'는 말씀과 연결해 볼 때, '깊음'이라는 것은 결국 끝없는 수면을 연상시켜 준다는 것을 알게 됩니다.

셋째, 그런데 이런 위기 속에서도 하나님의 성령이 활동하시면 희망이 보입니다.

황량하고 무의미한 곳에서 이루어진 창조의 순간에 하나님의 성령이 출현하신 것은 너무나 돌발적인 일이었지요. 원래 '영'이라는 것은 원어에서 '바람'이라는 뜻을 가진 말인데, 그렇다고 해서 단순히 '하나님의 바람이 수면에 불고 있었다'는 말은 아닙니다. 창조의 현장에서 성령이 출현하심으로 활동하는 모습을 이렇게 표현한 것입니다. 사실 창조의 시작에서 하나님의 말씀보다 더 중요한 것은 없습니다. 그런데 갑작스런 성령의 출현을 통하여 처음부터 말씀과 성령이 함께 사역하시는 것을 보여주고 계십니다.

창조의 현장에서부터 성령을 등장시키신 것은 그리스도인의 삶이 바로 성령과 함께 사는 것임을 분명히 보여주기 위한 것입니다. 이것은 특별한 은혜로써 세상의 물질적인 축복보다 훨씬 더 소중하다는 것을 가르쳐 주신 말씀입니다.

"요나가 물고기 뱃속에서 그의 하나님 여호와께 기도하여 이르되
내가 받는 고난으로 말미암아 여호와께 불러 아뢰었더니
주께서 내게 대답하셨고
내가 스올의 뱃속에서 부르짖었더니
주께서 내 음성을 들으셨나이다…
나의 하나님 여호와여 주께서
내 생명을 구덩이에서 건지셨나이다"

요나 2:1-6